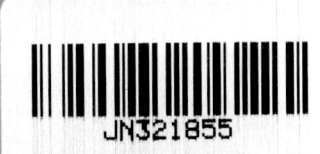

知らないと恥をかくルールから、そのまま使える文例まで

ビジネスメール文章術

HOW TO WRITE BUSINESS EMAILS

中川路亜紀
NAKAKAWAJI AKI

ダイヤモンド社

はじめに

本書の特色

○連絡先に登録するとき、全部「様」をつける？ →（P40）
○全文引用はメールを重たくするから失礼？ →（P16）
○「させていただきます」という敬語は間違い？ →（P74）

メールを書くとき、こんな疑問にぶつかる人は多いと思います（答えは参照ページをご覧ください）。

こんなことも含め、メールのマナーや文章の書き方について、いろいろなルールが飛び交っています。その中には個人的な思い込みがネットなどで広がってしまったものもあり、すべてが正しいわけではありません。

さらに、メールの通信環境や日本語そのものが変化して、正しいと思われるルールも変化してきています。

そこで本書の前半はメールマナーや文章術について、

- 不要なルールを押しつけない
- 必要なルールは理由を示して明確に示す
- どちらともつかないものは、判断のしかたを示す
- 安心してつかえるメール表現のバリエーションをできるだけ多く示す

ようにしました。

また、後半の文例編では、ビジネスメールでよく書く文例、いざというときに書くのに困る文例を示しました。文例は、

- マネしたくなる好文例を厳選
- 件名から署名まで全体像を示す
- 改行ポイントや１行空きなど画面での見せ方にもこだわる

という方針でまとめています。
本書は、メール作成画面に向かうあなたを助ける案内人です。パラパラめくってサクサク書く。そんな使い方をしていただけるように索引もつけました。

たかがメール、されどメール

それでも不安な読者のために、本書の基本スタンスを少し説明しておきます。
仕事時間の中で、私たちがメールを読んだり書いたりする時間はどんどん膨らんでいます。
通信技術が今のようでない時代は、「メールはなるべく簡略に」が徹底されていましたが、だんだんにていねいさが求められるようになり、マナーのために費やす時間も増えてきていると思います。
マナーは「どの程度の人がそのようにしているか」という実態によって左右されてしまうところがあります。余計なマナーも多くの人が踏襲すれば、当然のマナーになってしまいます。
できれば、ムダな手間はふやさず、効率のよい仕事がしたいですね。どちらか迷ったときに簡略なほうを選択すれば、あなたはそのやり方に1票を投じたことになります。ただし、周囲の慣習も無視してはいけません。本書では、そんな微妙な事情も踏まえつつ、ていねいに解説しています。

マナーを振りかざすのではなく、本当にお互いに気持ちがよく負担にならないメールマナーや書き方とはどんなものか真摯に考える、それが本書のスタンスです。

2013年2月　中川路　亜紀

index

[基本編]

1章 仕事メールの基本心得7

2章 本文以外のマナーとルール

3章 本文の基本ルール

4章 メールの文章術と言い回し

[そのまま使える文例編]

5章 日常的な連絡メール

6章 アポイント・お願い・問合せのメール

7章 困った、言いにくいことのメール

8章 ごめんなさい・ありがとうメール

9章 複数の相手へのお知らせのメール

1章

[基本編]

仕事メールの基本心得7

1　クリックひとつにも思いやり

POINT　パソコンの向こうに、相手を思い浮かべる習慣を

クリックひとつで行ってしまうメールだから

仕事の道具のほとんどがパソコンの中に入っていて、メールがあれば、仕事のかなりの部分が、机の前で座ったままでできてしまうという人は多いと思います。

でも、そんなふうに仕事をしていると、ふと、生身の相手の姿が見えなくなることがあります。メールは、文字だけの情報なので気持ちが伝わりにくく、相手の意向を確認しながら伝えることもできません。また、技術的なトラブルもあります。そのため、こちらでは考えてもいなかったような心証を相手に与えてしまうこともあります。

当たり前のことですが、相手のことを想像する、つまり思いやりをもつことがメール作成のもっとも重要な基本です。

想像してみよう、こんなこと

①このメールが届いたら、相手は何をするだろうか

前のメールを探して日時や場所を確認したり、膨大な添付ファイルをプリントアウトしたり、手間や経費をかけさせないだろうか。

②あわてて返信して、失礼なメールになっていないか

あいさつやお願いの言葉、ちょっとしたお詫びのフレーズを忘れていたり、相手の書いたことを読み落としたりしていないだろうか。

③相手はいつもメールをチェックできるような仕事か

出張などで見られない日が続くことはないだろうか。急ぎの用件を送りっぱなしにするのは、迷惑がかかるかもしれない。

④相手がつかっているパソコンの環境は自分と同じだろうか

ソフトの互換性は？（P43参照）　送信するメールの形式は適切か？（P18参照）Macの場合は環境依存文字などに注意する必要がある。

環境依存文字って何だ!?

環境依存文字とは、パソコンのＯＳによって文字化けが起こる文字のことです。長らくWindowsとMacintoshの間では丸数字などの環境依存文字を使うと文字化けすることが知られてきました。

現在では、これらの環境依存文字にも互換性をもたせる改善が進み、新しいＯＳの間では、文字化けが見られることは少なくなりました。相手のOS環境にもよりますので、丸数字など環境依存文字のメールでの使用は、原則避けた方が良いでしょう。

環境依存文字の例

♡　♤　♧　☎　〠　№

㎠　㎡　kℓ　㌢　㌔

①　②　ⅲ　ⅳ　Ⅴ

髙　﨑　彅

元から互換性のある記号

●　△　□　★　♪　＃

→　↓　【】　＋　－　＊　＝

“　♂　♀　∝　…　＠

2 シンプルに、原則1通1件で

POINT すぐに見つけられて、端的なメールが喜ばれる

容量を節約から時間の節約へ

ひと昔前は、通信料金が従量制（接続時間に応じて使用料が課金される）で、パソコンのメモリやハードディスクの容量も小さかったので、ムダに文字が多くて容量が大きいメールは「迷惑」でした。そのため、メールは簡潔第一、本文中のあて名は省略、あいさつもそこそこにすませるのがマナーでした。

今は、本文にあて名を書くように変わってきましたが、紙の文書でつかっているような「拝啓―敬具」や儀礼的な長いあいさつはつかわれていません。

①長いメールをスクロールして読むのは疲れる

②メールの流通量がふえて処理に時間がかかっている

といった理由から、お互いの負担を減らすために、仕事メールは、

「シンプルですぐに読める内容にまとめる」

が、いつでも最大の基本マナーとされているのです。

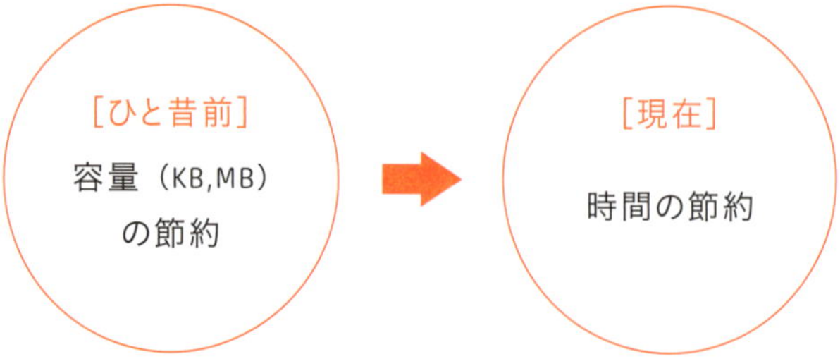

1通1件の原則

仕事の膨大な情報がすべて1台のパソコンの中に収められているというのは、画期的に便利なことです。でも、その情報が必要なときに取り出せなければ、ただのゴミの山です。

メールの情報を取り扱いやすくするためには、

「1通のメールには1つの用件を書く」

ようにします。これを「1通1件の原則」といいます。メールを仕事の情報源とするためには、各自がこれを意識している必要があります。

さらに、受信箱から必要なメールを見つけやすくするためには、用件を的確に表す「件名」がつけられていることが必要です（P30参照）。「あの話、どうなっていたんだっけ？」というときに、受信トレイを検索すればすぐにわかるというのは、理想的な状態です。このためには、お互いに使い勝手のよいメールの書き方、件名のつけ方を心がけることが必要になります。

ただし、「1通1件」をあまりにも正直に踏襲して、こま切れのメールを何本も発信するのも迷惑。ちょっとした予告、余談の部類は、本文に付け足してもかまいません。その内容や情報量で判断します（P34参照）。

3 コピー・返信引用にもルール

POINT　コピペは著作権＆「書いた人の立場」を配慮する

電子データだから自由自在

大量のメールをいつでも取り出せるという便利さに加えて、もう1つ、メールの大きな特徴は、内容を他のソフトの作成文書に自由にコピー＆ペーストできることにあります。

ただし、簡単にできてしまうからこそ、次のようなマナーに気をつける必要があります。

①出典をつける

自分の文章をコピペするのは自由ですが、他人の文章を引用する場合には、出典について次の点を明らかにします。相手がその情報を活用するときにも、ソース（原典）がわかると助かります。

- どこからどこまでが引用か

- 何に収録されているか
- 誰が書いた文章か

> ABC研究所の「高齢者市場分析レポート」（大気勉研究員）に次のような分析がありました。
> -----
> 人口構成の著しい変化は、今後の国内市場を大きく変化させていく…（省略）…毎年、高齢者人口が200万人以上ふえ、高齢者市場が拡大する。
>
> （ABC研究所「20XX年高齢者市場レポート」http://www.abcresearch.co.jp/report/koureisha/より）

②第三者へのメールでの引用・転送は承諾をとる

メールの内容は基本的に受信者個人にあてられたものと考えられており、一般的に、発信者に無断で引用したり転送したりすることは、マナー違反になります（P66参照）。必要な場合は、次のように事前に承諾をとりましょう。

> 先日のメールでお書きいただいたご指摘は、
> 非常に重要だと思いました。
> 特に、販売店の変化についてのご意見は、
> クライアントにもお伝えしたいと考えております。
>
> つきましては、以下の部分を、販売店様のご意見として、
> □□社の安藤様へのメールに、
> 引用させていただきたいと思いますが、いかがでしょうか。
>
> 所属・お名前をお出ししてもよいかどうかも含め、
> ご返信いただければ幸いです。
>
> >（引用希望部分をコピー&ペースト）

→これは社外への転送の例だが、外部からきた業務上メールを、社内に転送するのは問題ないとされている。ただし、個人的な内容が含まれていたら、その部分は削除する。

やりとりの記録としての返信引用

メールの便利さとして次にくるのは、返信引用の機能。

通常のメールソフトでは、返信をクリックすると、元メールの全文が引用されるように初期設定されています(全文引用)。全文引用の返信を繰り返すことで、やりとりの履歴が蓄積されていき、過去の発言や情報を確認したいときも、画面を下にスクロールするだけで探すことができます。

全文引用をつなげたままにしてメールが長くなるのはよくないという意見もありますが、今は、履歴を見られるメリットのほうが大きくなっています。もちろん、引用部分が長くなりすぎているとき、残す必要はないと考えられるときは、削除してもかまいません。

部分引用を活用して案件をカバー

相手のメールに一問一答でコメントしたい場合などは、必要な箇所だけを引用する部分引用が便利です。

>開催日は3月15日（日）もしくは22日（日）
>のどちらかで、講師や会場の都合で調整する
>ということでよいですね。
時期的にベストだと思います。

>候補会場は、どれも交通の便が悪いですね。
予算との関係もありますので、
もう少しお時間をください。

　このように部分引用すれば、すぐに答えられること、時間がほしいことを分けて答えることができるし、相手が投げかけてきた質問や案件にモレなく答えることが可能になります。
　全文引用と部分引用のつかい分け、部分引用の活用法は、P88、P90に詳しく解説しています。

返信引用のマナー

①引用部分をはっきり区別する

　メールソフトの設定によっては、返信で部分引用しようとすると新しい記入部分と引用部分の区別がつかなくなってしまうものがあります。引用部分を明確に区別するのはマナーなので、手動で引用符（>）をつけるか、メールソフトを引用符がつくように設定したほうがよいでしょう。（P26コラム参照）。
＊ただし、outlookなどのメールソフトの場合、HTML形式のメールへの返信で部分引用をすると書式設定が崩れて戻らなくなるので注意。

②途中で第三者を同報で参加させる場合は要注意

　やりとりの途中で第三者への同報（あて先の並列、CCなど）を始める場合は、元の二者の間での返信引用をつなげたままにするのは要注意。相手があなたに書いてきた内容を、承諾なしに第三者に読ませるのはマナー違反になるので、承諾を得た上で第三者とも内容を共有するか、支障があるときは新しいメールを起こすようにしましょう。

4 仕事メールはテキスト形式が基本

POINT　テキスト形式のほうが相手に負担をかけない

HTML形式は意外に不便

メールには、テキスト形式とHTML形式があります。テキスト形式は、プレーンな文字情報だけが送られます。HTML形式は、文字の大きさや色を変えたり画像を埋め込んだりできます（リッチテキスト形式もHTML形式とほぼ同様の機能があります）。しかし、

- 容量が大きくなり、ウィルス感染などのリスクが高くなる
- HTML形式のメールが読めないメールソフトもある
- 行間を広くする、色とりどりに彩る、絵文字を入れる、などは仕事メールには不向き
- 引用返信時、頭下げや色文字で表示されるため引用部分の区別がつきにくく、書式も崩れる（テキスト形式では引用部分の文頭に「>」などの引用符がつき、一目でわかる）

など、不便なことも多いのです。

テキスト形式の引用とコメント

> 10月15日の午後2時ではいかがでしょうか。
承知致しました。お待ちしております。

HTML形式の引用とコメント　＊頭下げ方式の場合

　10月15日の午後2時ではいかがでしょうか。
承知致しました。お待ちしております。

Outlookなどでは、返信メールは受信したメールと同じ形式になる

ため、HTML形式のメールへの返信はHTML形式で立ち上がります。これをテキスト形式に切り替えると、引用部分の区別がつかなくなってしまうという難点があります。

なお、Gmailも、メール作成、返信の画面を開いたとき「書式なしのテキスト」をクリックすると、テキスト形式に切り替えることができ、返信の場合は、引用部分に自動的に「>」の引用符がつきます。

多くのメールソフトの初期設定がHTML形式になっているため、HTML形式のメールも増えていますが、仕事ではテキスト形式を基本とし、必要な場合のみHTML形式にすることをお勧めします。

column

テキスト形式⇔HTML形式の切り替え

作成メールをテキスト形式にする設定

[Windows Outlook 2010]

ファイル→オプション→メール→メッセージの作成→テキスト形式

[Windows Outlook 2003]

ツール→オプション→メール形式→プルダウンメニューでテキスト形式を選択

[Macintosh メール]

メール→環境設定→作成→メッセージのフォーマット→プルダウンメニューで「標準テキスト」を選択

メールごとのテキスト形式・HTML形式の切り替え

[Windows Outlook 2010]

メール作成のウィンドウの書式設定のタブ→書式ボタンで切り替え

[Windows Outlook 2003]

メール作成のウィンドウに切り替えボタンあり（標準ツールバーの状態で）

[Macintosh メール]

上記の設定で、通常は標準テキスト形式にしておき、メール作成のウィンドウのフォーマットバーで書式を指定すると「リッチテキスト形式」に変更される。

5 電話や文書とつかい分ける

POINT メール・電話・文書の特性を考えてつかいこなそう

ツールの特性をつかい分ける

今や、仕事にメールは欠かせません。メールは仕事の中心的な連絡手段といえます。同じ室内にいる上司や同僚ともメールでやりとりするというのは、昔は笑い話でしたが、今ではそれが普通という職場も多いようです。

それでも、メールは万能ではありません。それぞれのコミュニケーションツールの特色をふまえて、ケース・バイ・ケースでつかい分けることが必要です。

右にメール、電話、ファックス、手紙の特性を整理してみました。

相手に合わせることも必要

業種や年齢層によって、ツールのつかい方が違う場合があります。自分がなんでもメールですませているからといって相手もそうだと決めてかかると、お互いに不愉快な思いをすることがあります。

相手が直接話すことを大切にしていると感じられるときは、電話したり訪問したりして相手に合わせることで、話がスムーズにいくこともあります。

仕事の段取りが見通せる場合は、〈メールのやりとりで進める部分〉〈会って打ち合わせするポイント〉などをあらかじめ相談しておくのもよいでしょう。

メール、電話、ファックス、手紙の特性

	メール	電話	ファックス	手紙（郵送）
話が早い	★★ モバイルで受信可能で返信がラク	★★★ 相談しながら、すぐに決められる	★ 双方向には向かないツール	★ 届くのに数日かかる
気持ちが伝わる	★ 文字のみでは伝わりにくい場合もある	★★★ 声のトーンでも伝えられる	★ 見栄えも悪く、不向き	★★ ひと手間かけてくれた気持ちは伝わる
記録が残る	★★★ やりとりの経過がすべて残る	★ まったく残らない	★★ 感熱紙もつかわれているので、記録に残したいものは送らない	★★★ 契約書など、文書で残さなくてはならないものに適する
秘密が守れる	★★ 会社メールは、業務の必要性から他の人が見る場合もある	★ まわりの人も聞いている	★ 最初に手にとるのが本人とは限らない	★★★ 「親展」とすれば、本人以外は開けられない
礼をつくせる	★★ 軽いお礼ならOK	★★ お礼はすぐに言うべきという考え方から電話派も少なくない	★ ファックスでお礼は失礼	★★★ かしこまったお礼は手紙で送る
絵やイメージを伝える	★★ 添付ファイルで送れるがソフトや容量の制約がある	★ 伝えられない	★★ 画質が粗いが伝えられる	★★★ 絵も写真もそのままの精度で送ることができる
だからこんなものを送る	日常的な業務連絡、複数の人へのお知らせ	初めての人への連絡、取り急ぎのお礼やお詫び、すぐに返事を聞きたい急ぎの用件	電子データではない紙の資料、記入して送り返してもらいたいもの	かしこまった内容。質感で勝負したいグラフィックもの、量が多いもの

6 読み直す習慣をもつ

POINT 書いたばかりのメールには必ず要修正箇所がある

タカタカ・ポンの前に…

メールを読んだ、すぐに返信をクリックして、タカタカ打って、ポンと送信した…。さくさく仕事を進めているつもりが、相手の反応がいまいち、ということはありませんか。

即席メールは、無愛想だったり、誤解を招く内容になったりすることがあります。書いたメールは、最低1回は読み直しましょう。

言いにくいこと、複雑なことを伝えるメールの場合は、数時間寝かせてから、冷えた頭で読み直すと効果的です。

読み直すときに気をつけること

読み直せば、必ず何箇所か修正したいところが出てきます。最低限、こんなことはチェックしておきましょう。

□あて名に敬称はつけたか
□あいさつは入れたか
□強調語を過剰につけていないか
□主語が抜け過ぎていないか
□仲間内の省略語、業界用語などを使っていないか
□単純な入力ミス・変換ミスをしていないか
□相手に不満があるとき、それが文面に現れてしまっていないか
□最後に、お願いの言葉などを忘れていないか

あわてて出した失敗メール

〇〇社企画部
齋藤　晶子　…①

> コスト面からもB案のほうがよいと思います。　…②
コストについては、先月のメールにも書いたように、　…③
この試算は根本的にまちがっています。　…④

そこにも書いたのですが、回収費用も含めて計算すると、　…③
むしろB案はとても割高になります。　…④

A案、B案について、もう少し詰めたいと思いますので、　…⑤
このあとの日程のリスケお願いします。　…⑥

〈このメールは、こんなところが不適切です〉

①相手のメールの署名からコピー＆ペーストしたら敬称を忘れた。

②気持ちがはやって、あいさつを忘れた。「お世話になっております。ご意見ありがとうございました」などを入れる。

③相手の読み落としにムッとした気持ちが表れてしまった。同じことを指摘する場合も、次のようにもっと緩やかな表現に。

このコスト試算には、誤りがあるようです。
4月12日の私のメールでも少しふれましたが、
回収費用も含めて計算すると、
B案はむしろ割高になることがわかりました。

④過剰な強調語。削除する。

⑤角が立つ内容だけに、お願いの前には、「申し訳ありませんが」などとワンクッション入れるべき。

⑥「再調整」に直す。一般的ではない短縮語は使わない（リスケ：日程調整をやり直すこと、リスケジュール）。署名も忘れないこと。

7 返信は翌日までに、もれなく対応

POINT 自分なりにメール処理のパターンをつくろう

「読んだら返信」が原則、遅くとも翌日くらいには返信する

メールには、なるべく翌日までには返信します。仕事の内容にもよりますが、だいたい毎日、社外・社内とメールをやりとりする人の場合、このような手順になります。

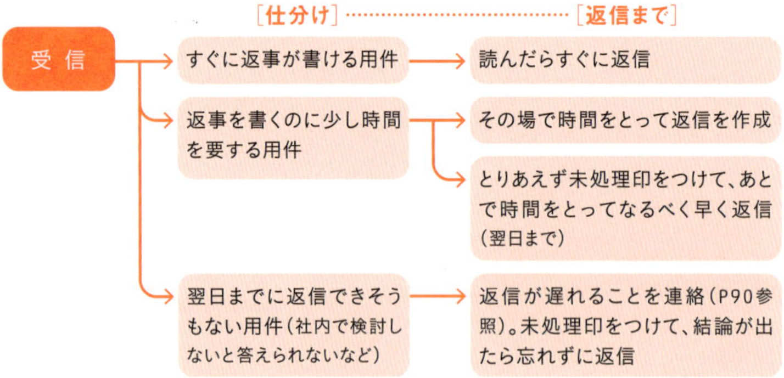

メールを受信したら、すぐに返事を書けるメールはさくさく返信をすませ、時間がかかりそうなものには、未処理の印（次ページ）をつけて後回しにし、まとまった時間をつくって対応します。

このように仕分けることで、落ち着いて返事を書くことができるし、うっかり返信もれという事態も防げます。

なお、休暇・入院など長期にわたってメールが返せなくなることがわかっている場合、急ぎのメールをもらうかもしれない相手には、長期不在のお知らせを送っておくとよいでしょう。（P199、P200参照）

メールに未処理印をつける

メールを開いたら、なるべく早く処理したいところですが、途中で電話が入ったり、人が来たり、出かける時間になったりといった不可抗力もあります。そんなときは次のような方法で未処理のメールをわかるようにしておき、必ず見直すようにします。

〈未処理メールの目印のつけ方〉

①未読・既読で見分ける

未読のメールは閲覧ウィンドウで件名が太字になるなどの未読表示されるので、これを未処理の目印にすることもできます。いったん開いたけれど、調べてみないと返事ができないというような場合は、閉じる前に「未読にする」設定をすれば、未読表示に戻ります。

②フラグを立てる

閲覧ウィンドウでメールを選んでフラグという赤旗を立てることができます。期限をつけて起動時にアラームが出るようにするなど、メールソフトによっていろいろな設定ができます。

column

返信引用に引用符をつける設定

たいていのメールソフトでは、返信するとき、相手のメールの全文が引用されるように初期設定されています（全文引用）。テキスト形式であれば、引用部分の行頭に引用符（>もしくは縦バー）がつけられるので、部分引用のときに便利です。

ところが、Windows7のOutlookやWindows Liveの初期設定では、テキスト形式のメールへの返信でも引用部分に引用符がつかないので、とても不便。

こんなとき、手動でいちいち引用符をつけてもいいのですが、設定を変えれば、テキスト形式の返信に自動的に引用符をつけることもできます。

[Windows Outlook 2010]

ファイル→オプション→メール→返信・転送→「メッセージに返信するとき」「メッセージを転送するとき」のプルダウンメニューで「元のメッセージの行頭にインデント記号を挿入する」を選択。

[Windows Outlook 2003]

ツール→オプション→初期設定→電子メール―メールオプション→「メッセージに返信するとき」「メッセージを転送するとき」のプルダウンメニューで「元のメッセージの行頭にインデント記号を挿入する」を選択。

いずれも設定後「OK」をクリックするのを忘れずに。

2章

［基本編］

本文以外の
マナーとルール

1 差出人名はころころ変えない

POINT 差出人名は「一目で誰かわかる」ものにする

「差出人名」とは…

差出人名は、あなたが発信したメールが相手に届いたときに、メールのヘッドの差出人欄に自動的に表示される名前です。メールソフトを最初に使うときのアカウントの指定で、「ユーザー名」等とされている欄に書いた名前が、差出人名になります。

差出人名のよい例・悪い例

○Makiko Nakagawa
○M.Nakagawa
○中川　真紀子
○中川　真紀子（△△物産）
×Makichan
×まき
×中川　＊よくある名字の場合はフルネームが望ましい
×mnakagawa@sankakubussan.co.jp

＊海外とメールをやりとりする人は、アルファベット（必ず半角）の差出人名にします。

「差出人名」はなるべく変えない

多くのメールソフトでは、メールを新規に作成するとき、あて先欄に名前の一部を入力すると、自動的に連絡先（アドレス帳）登録された名前が候補に挙がってきます。アドレス登録は、登録時に変更しなければ差出人名で登録されますので、差出人名はわかりやすくし、なるべく変更しないようにします。

メールを検索するときも、差出人名で検索することはよくありますので、差出人名をころころ変えるのは、相手にも迷惑になります。

必要ならアカウントを複数つくる

仕事内容や場面によって、差出人名を意図的につかい分けたいという人もいるでしょう。その場合は、アカウントを複数つくり、メール発信のたびに指定を変えることも可能です。

ただ、これはまちがって別のアカウントから送ってしまうなど、ミスを誘発してしまうことがあるので、なるべくなら汎用性のある、明確なアカウント1つにしておくほうが便利です。

2　気の利いた件名の基本

POINT　内容が一目でわかる件名をつけよう

件名を見ただけで仕事が見えるように

朝一番に開いた受信トレイの件名欄がこんな状態だと、頭がどんよりしてしまいそうです。

■■■	■■■
町田花子	ABC社のBX1234の納品が遅れているため当社の…
Honda	斉藤です。今朝の新聞に載っていた新事業のこ…
林（毎朝産業	はじめまして
yoko yamada	研修

次のように、メールを開く前から用件の想像がつくような件名だと、受け取った側も助かります。

■■■	■■■
町田花子	【至急】BX1234の納品遅れへの対応（管理課）
Honda	M社新事業「PARA」について（情報提供）
林（毎朝産業	毎朝産業新聞からインタビューのお願いです
yoko yamada	5月20日ABC研修のお知らせ

わかりやすい件名のつけ方

次のようなポイントを意識して件名をつけます。

①なるべく短く、必要事項を入れる

長い件名は読み取りにくく、受信トレイの表示方式によっては省略されてしまうこともあります。

×△△社恒例春のトークイベントのチラシの校正をお願いします
○春のトークイベントのチラシ校正のお願い
○△△社イベントのチラシ校正のお願い
→相手が何を重視しているかを考える。△△社が第三者で、△△社の仕事であることが重要な場合は、後者がよい。

②差別化情報を加える

差出人名・会社名・部署名・日付などの情報で、相手が助かることもあります（P33参照）。先方が同じような件名を何通も受け取るかもしれないと思う場合は、情報をプラスして差別化します。

×印刷費用のお見積もり
○印刷費用のお見積もり（○○印刷株式会社）
○入社案内・印刷費用のお見積もり
→会社名は重要情報。複数の見積もり依頼をもらっている場合は、商品名などを具体的に書く。

③検索されそうな言葉を入れる

何かの決定事項、変更の連絡などは、あとで検索される可能性が高いので、相手がどんな言葉で検索するかを考えてつけます。

×来週の会議のタイムテーブルをお知らせします
○6/15販売担当者会議のタイムテーブル（予定）

3 件名ひと工夫ヒント集

POINT　+、【　】、（　）を使ってわかりやすく

「+」をつかって2つの要素

相手への返事に、件名に合わない内容を加えてしまったけれど、メールを分けたくないという場合もあると思います。そんなときは、件名を「+○○」として、内容が広がったことがわかるように言葉を足します。

Re:3/6打ち上げのお店+会費のご相談
Re:顧客情報の取り扱いについて+マニュアル案

冒頭に【　】をつけて強調

件名の冒頭に短い単語をつけて、内容を目立たせます。

【至急】サーバBが停止しています
【ご確認依頼】開園式招待状の原稿
【訂正】停電についてのお知らせ（管理課）
【再送信】候補施設リストをお送りします

うっかりまちがった内容を送ってしまい、訂正を送る場合は、注意喚起のために、【訂正】をつけると親切です。

また、添付ファイルをつけ忘れたなどで、同じ内容を再送信する場合は、【再送信】と入れると、読む側の混乱を防げます。

【重要】もよく見かけますが、やたらつけるのは失礼になります。相手の受信トレイに並んでいる用件は、基本的にどれも重要であるはずです。ただし、社内メールで上司が部下の注意を喚起したい場合などは有効です。

最後に（　）で補足

件名に（　）で補足をつけても、わかりやすい目印になります。たとえば、メールで検討してきたことが決定した場合。

新製品123の愛称について（案）
Re:新製品123の愛称について（決定）
大山屋店舗見学は3月5日（決定）

日程調整への返信などで、相手が同じ件名のメールをたくさん受け取っているとわかるときは、件名に発信者名を入れるのも有効です。また、更新したファイルなどを何度も送る場合などは、件名に日付やバージョンを入れるのもわかりやすいでしょう。

Re:上半期事業会議の日程調整（中村）
Re:○○についての覚書き案（2012.9.13版）
Re:○○についての覚書き案（ver.3）

時間があるときに読んでほしい内容や、関係者へのニュース配信程度の内容である場合は、こんな表記も親切です。

○○社の実績について（補足）
7月7日新製品プレリリース（ご案内）
8月3日政府発表の詳細（情報提供）

4 件名を変えないとき、変えるとき

POINT 同じ話題なら件名を変えないでREでつなぐ

件名が「ツリー」をつなぐ

相手からきたメールに返信するときは、返信ボタンのクリックでメールを起こし、RE: のあとに元の件名を残すのが原則です。最初のメールの件名を引き継いでいけば、件名検索をかけるだけで、それまでのやりとりをツリーの状態で見ることができます。

メールの件名をむやみに変えるとこういった機能が使えなくなるので、相手にも迷惑になります。

話題が変わったら件名を変える

メールは「1通1件」が基本ですが、ちょっとした余談や予告程度の小さな話題を本題に添えることはよくあります。ところが、相手が余談の部分に反応してそのままそちらに話題が移ってしまうことも。こんなときは、複数の話題が混同しないよう、メールを分けて件名を新しく立てたほうがよいでしょう。

件名　Aプロジェクトの最終報告について

（Aプロジェクトの最終報告についての内容）

9月には、Bプロジェクトも開始しますので、
よろしくお願いいたします。

相手からの返信

件名　RE: Aプロジェクトの最終報告について

（Aプロジェクトの最終報告についての返信）

>9月に入りましたら、Bプロジェクトも開始しますので、
>よろしくお願いいたします。
Bプロジェクトについても、
Aプロジェクトと同じスタッフを予定しておりましたが、
現在のところ、ADの鈴木の参加が難しくなっております。…

こちらからの返信（返信を2つに分ける）

件名　RE: Aプロジェクトの最終報告について

（Aプロジェクトの最終報告についての再返信）

Bプロジェクトについては、別メールにて返信致します。

件名　Bプロジェクトのご担当について

Bプロジェクトにつき、さっそくのご検討
ありがとうございます。…

5　あて先・CC・BCCのつかい分け

POINT　意味を理解して、本文のあて名の書き方も変える

新規のメール作成画面を起こすと、ウィンドウのヘッドには、

あて先（TO）：
CC：
BCC：

の3つの欄が現れます（BCCは隠されている場合もあります）。

それぞれ機能が違いますので、つかい分けることが必要です。また、本文中のあて名の書き方も、次のように変える必要があります。

あて先（TO）： 鈴木さん

→ 意味
「鈴木さんあてのメールです」

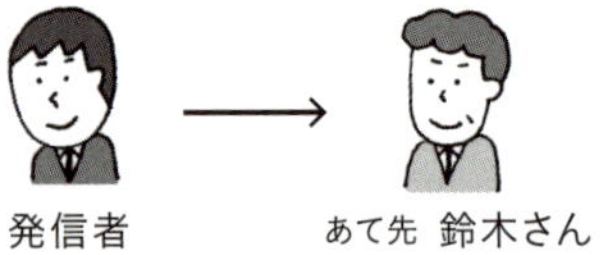

［本文中のあて名の書き方］
鈴木様

あて先（TO）： 鈴木さん
山田さん

→ 意味
「鈴木さんと山田さんあてです」（同格）

［本文中のあて名の書き方］
※二人の名前を並記する。
鈴木様
山田様

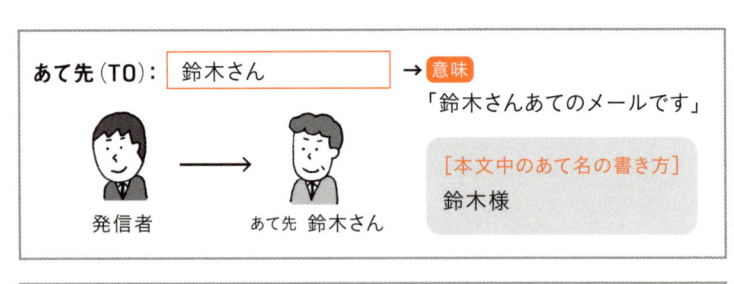

あて先（TO）: 鈴木さん

CC: 山田さん

→ 意味

鈴木さんあてのメールですが、山田さんにもコピーをお送りしておきます。

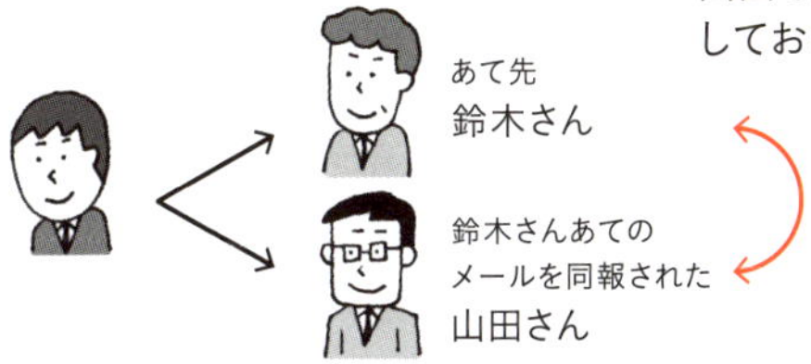

互いに同報されていることがわかる。

［本文中のあて名の書き方］ ※次のように同報者がいることをCCで明記。

鈴木様
　CC:山田様

※あて先が社外で、CCが社内の人である場合は、敬称をつけない。

○CC:山田
○CC:山田（営業部）
○CC:経理課
×CC:山田課長
　→名前のあとの管理職名は敬称なので、身内にはつけない。

あて先（TO）: 鈴木さん

BCC: 山田さん

→ 意味

「鈴木さんあてのメールです（山田さんに内々にコピーをお送りしておきます）」

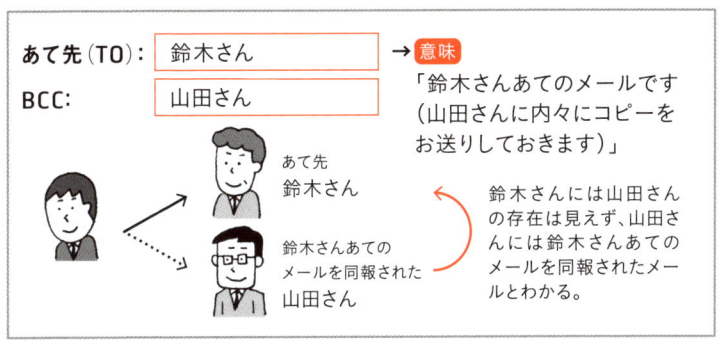

鈴木さんには山田さんの存在は見えず、山田さんには鈴木さんあてのメールを同報されたメールとわかる。

BCCとはBlind Carbon Copy、つまり相手に見えないコピーの同報送信。通常は、発信者がメールの控えを上司や自分の別アドレスに送信したり、複数の送信先に互いのアドレスが見えないように送るときにも使用される。（P38参照）

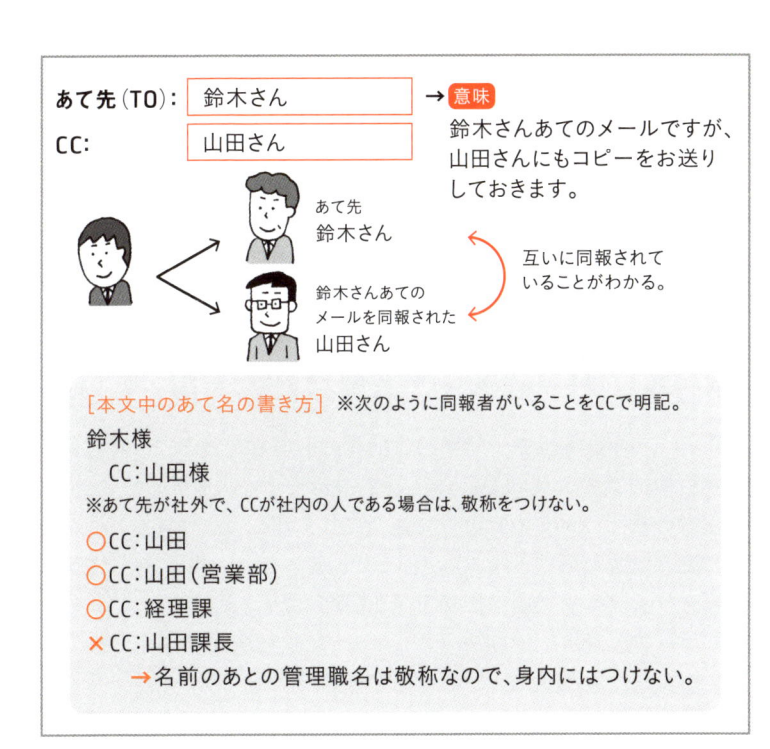

6 グループ送信・BCCを活用する

POINT 情報共有を効率的に、BCCでアドレス保護を

メールソフトのグループ送信機能の活用

メールの同報機能で、効率的に情報の共有ができます。同報は、
①進行中の案件の情報を社外・社内の第三者と共有する
②複数の相手に同じ内容を一斉送信で知らせる
の用途で主に用いられますが、②で、知らせたい相手の人数が多い場合は、グループ送信機能を使うと便利です。

グループ送信は、連絡先（アドレス帳）に送信者のグループを作成し、そのグループをあて先として指定します。

BCCを使ってアドレスを保護する

お互いに面識がない人たちに同報する場合は、BCC機能を使う必要があります。あて先〈TO〉やCC欄に複数のアドレスを入力して送信すると、受信側で他の受信者の名前やアドレスが見えてしまうからです。メールアドレスはプライバシーなので、これはマナー違反です。

BCC欄に送信先を入力すると、受信側で他の受信者のアドレスを見えなくすることができます。

（あて先〈TO〉欄に入力がないと送信できないソフトもあるので、その場合は、自分のアドレスをあて先欄に入れる。）

グループ送信を利用する場合も、BCC指定にすることができます。

column

グループ送信の設定方法　＊宛先をBCCに指定する場合

[Windows Outlook 2010]

連絡先→ホームのタブの「新しいグループ」→グループ名を入力→連絡先グループのタグの「メンバーの追加」でメンバーを登録→保存

＊メール作成ウィンドウを立ち上げ、BCC欄で作成したグループ名を選択。

[Macintosh メール]（別アプリケーション「連絡先」でアドレスを管理）

連絡先→ファイル→新規グループ→グループ名を入力→「すべての連絡先」から登録したい人のカードをグループ名にドラッグ→閉じる。

＊メール作成ウィンドウのBCC欄に作成したグループ名を入力→グループ名にカーソルをあて、「グループを展開」を選択。Bcc欄が表示されていない場合は、作成ウィンドウの上のアイコンをクリックして「BCCアドレス欄」を選択して表示させる。

本文でBCCであることを書き添えること

BCCで多数に同報する場合は、同報送信で送っていることがわかったほうが親切です。たとえば、本文中のあて名を「各位」「○○の皆様へ」などとし、次のように書きます。（P116参照）

各位
△△社研修事業部の太田です。
このメールは、7月15日からの夏期指導者研修に
参加のお申し込みをいただいている皆様に、
BCCでお送りしております。

7 自動表示のあて先は変えるべきか

POINT 「そのまま派」か「敬称をつける派」かはっきりする

「そのまま」がラク

返信メールのあて先欄や、連絡先（アドレス帳）への登録は、何もしなければ自動的に相手が書いてきた差出人名があて名になります。

これをいちいち書き換えるのはなかなか手間です。

仕事メールの傾向を見ると、相手の差出人名をそのままあて先にしているものが多数派です。あて先欄に敬称がついていないことを気にする人はあまりいませんので、ここは手間をかけなくてよいと思います。とはいえ、業界や会社によっては「敬称をつける」ことを徹底している場合もあるので、その世界のルールに従いましょう。

登録名を新たにつける場合

差出人名がわかりにくい場合や、名前ではない場合、そのまま連絡先（アドレス帳）に登録するとあとで探せなくなる可能性があります。こんなときは、 新たな登録名で登録することになります。この場合、次の方法があります。

①「鈴木 一郎」（姓名だけをシンプルに入力する）

②「鈴木 一郎 様」（敬称をつける）

③「△△社　鈴木 一郎 様」（社名を入れる）

①は失礼だとする意見もありますが、メールの無機質性に任せて、これですませている人は結構います。「余計な手間はかけない」という信念をもてば、これでもよいでしょう。

無難なのは、②です。相手により、「様」「先生」などをつけます。役職名（○○課長）は、変化する可能性があるので避けます。

③はていねいですし、自分にとってもわかりやすいでしょう。

なお、登録するとき、相手の名前をまちがえたり、会社名を仲間うちで使う俗称で入れたりするのは失礼になるので注意しましょう。

敬称の有無がバラバラだと同報メールのときに困る

上の①や③と「そのまま」登録を混在させるのは、複数の人にメールを同報するときに問題が発生します。あて先欄に、敬称があったりなかったりする名前が並ぶと失礼だからです。

このようなときは、敬称つきにした人についてはアドレスだけをコピペで入力するなどして、敬称の有無がバラバラになるのを避けます。

受信したメールの差出人をすべて連絡先（アドレス帳）に登録する人もいます。手間をかける自信がある人は、全ての登録名を漢字名に統一し、会社名や敬称もつけておけば、検索もしやすいし、上のような同報時の問題も起こりません。

そこまでする必要を感じない人も多いと思いますが、どっちつかずにしないで、方針を明確にすることをお勧めします。

column

アドレスのかんたん登録

＊この方法では、相手の差出人名がそのまま登録されます。

[Windows Outlook 2010]

受信メールを開いて、差出人名にカーソルをあてる。→（Outlook2010）出現するウィンドウのオプションアイコンをクリックし、「Outlookの連絡先に追加」を選択。

[Macintosh メール]

受信メールを開いて、差出人名の左の▼をクリックし、「連絡先に追加」を選択。

8　添付ファイルのマナー

POINT　相手の通信環境やソフト、機器の種類に配慮する

添付ファイルをつけたことを本文に明記する

添付ファイルをつけた場合は、本文中にそのことを書いておくのがマナーです。ファイルが開けないなどのトラブルもありうるので、ファイルの種類などの情報をつけておくとより親切です。

文中にファイルの種類を書く
レジメを添付いたしますので、ご確認ください。（Word 2010）

本文の最後（署名の前）にファイル名を列挙する
添付ファイル：　ユーザー調査概要.docx
　　　　　　　　ユーザー調査分析.xlsx
　　　　　　　　商品パンフレット.pdf

開けない添付ファイルを送らない

ファイルを作成したソフト、もしくは互換性のあるソフトを相手がもっていなければ、添付ファイルを送っても、相手側で開くことはできません。

ワード、エクセル、パワーポイント、PDF、画像（.jpg）以外のファイルを送りたい場合は、事前に相手に送ってもよいか聞いたほうがよいでしょう。

ソフトのバージョンにも注意が必要です。ワード、エクセル、パワーポイントも2003以前のバージョンを使用しているユーザーは、2007

／2010バージョン（.docx .xlsx .pptx）を開けないので、注意が必要です。開けないと言われたら97-2003バージョンで保存し直すか、PDFに変換して送るとよいでしょう。

WindowsとMacintoshの互換性

ワード、エクセル、パワーポイントはWindowsとMacintoshの間で互換性がありますが、書式が微妙に狂う場合があります。また、書体に互換性がないので、明朝体・ゴシック体以外の書体を使うと、相手方で開いたときにまったく違う書体になっていることがあります。

これもPDFであれば、元の書体で表現されます。ただし、PDFは基本的に内容を変更できないので、相手方で加工して利用したい場合には不向きです。

エクセルファイルの添付

エクセル表は、開くパソコンによって、印刷範囲がずれてしまう場合があります。改ページ指定を入れたり、余白にゆとりをもたせたりして、相手方で正しく印刷できるように配慮します。

容量にも注意する

Outlook 2010では20MBを超える添付ファイルをつけると、エラーメッセージが出ますが、現在のところ、そんなに大きなファイルを添付するのはマナー違反です。容量の大きいメールはサーバが受け付けない会社や官公庁もあります。添付ファイルは2MBくらいまでにおさめるのがマナーと心得ておきましょう。もっと大きなファイルを送りたいときは、「ファイル転送サービス」を利用します。

9 なんでも添付ファイルにしてよいか

POINT 受け取った人はそのあと何をするか考えよう

添付するもの・しないもの

今や、あらゆる種類のビジネス文書が、添付ファイルでやりとりされています。ただし、儀礼的な手紙は添付ファイルにはしません。

添付ファイルでやりとりされているもの

○報告書、レポート、資料
○依頼状（公印を押すようなものは郵送文書にする）
○企画書、提案書、計画書
○イベント等の開催案内
○原稿、写真etc.

添付ファイルにしてはおかしい儀礼的文書

×挨拶状・送り状（軽いものならメール本文で書く）
×かしこまったお礼状（手紙にする）
×詫び状（軽いものならメール本文で書く）
×フォーマルな招待状（記念行事等）

本文ですむ内容を添付ファイルにしない

添付ファイル機能は、上記のように独立の文書・データとして作成したほうがよいものを送るために利用します。

「メール本文が長くなったら添付ファイルにする」というのはまちがい

で、メール本文に書いてもいい内容を、わざわざ添付ファイルにするのは迷惑です。添付ファイルはメールの容量を大きくし、ワンクリックする手間をふやすという点を意識する必要があります。

添付ファイルに向いているもの

「すでにある電子データの資料や文書」
「独立した文書としてまとめるべきもの（依頼状、要綱、マニュアル、会議録 etc.）」
「受信側が出力して保存したり持ち歩いたりすることが予測されるもの」
「図や写真を入れたいもの」
「分量があり、訂正や記入を要するもの」
「表計算などソフトの機能を活かしたいもの」

相手の次のアクションを考える

送った相手が、受け取ったあとに何をするかを考えて、添付ファイルのつけ方を工夫する必要があります。

①記入・訂正・加工・流用する可能性のあるもの
→ワードやエクセルのファイルで。

②内容が変わってはいけないもの、書式が複雑で崩れるかもしれないもの（段組み・表組みなど）、特殊な書体を使用しているもの
→PDFファイルに変換。

③何十ページもある資料で、相手側でプリントアウトすることが予測される場合
→郵送にする。急いでいるときは、郵送と添付ファイルの両方で送り、メール本文に「郵送でもお送りしておきます」と書き添える。

column

メーリングリスト活用法

メーリングリストとは、下図のようにサーバをつかって、複数のメンバーがメールのやりとりで話し合える場をつくるシステムです。GoogleやYahooなどの「グループ」も無料でつかえるメーリングリストです。有料のものには、機能的でメンバー管理をしやすいものがあります。

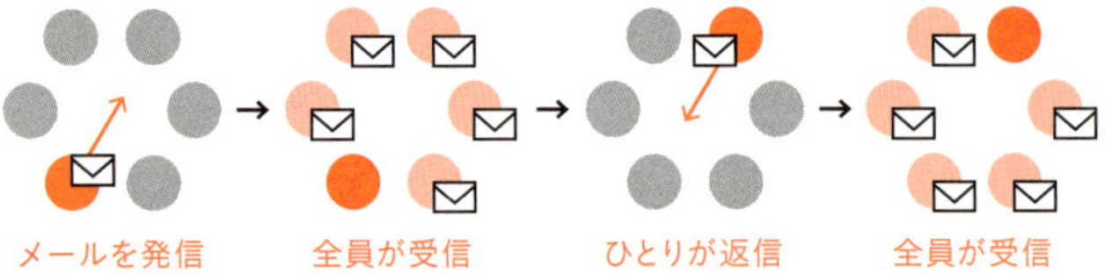

メーリングリストは、仕事の情報交換や打ち合わせ、ブレーンストーミングなどにも活用できます。うまく運営するためには、次のようなポイントがあります。

①何のためにどんな成果を得ようとするのか、目的を明確にして、管理人や司会者（兼ねてもよい）が、話の方向性の修正や活性化などの役割を担う。必要であれば期限も設ける。
②話し合われた内容の持ち出しや利用についてルール・方針を決めておく。
③最初に全員でひとこと自己紹介をすると、話し合いに入りやすい。メンバーによって話題に制約がある場合があるので、メンバーの範囲は最初に明確にしておく。
④個人に向けられた攻撃的な発言などに対しては、管理人が注意をするなど、最低限のルールを決めておく。
⑤オフでメンバーが会う機会をつくると、活性化する。

3章

［基本編］

本文の
基本ルール

1　改行を駆使して見た目を読みやすく

POINT　「目にやさしいメール」を心がける

ぎっしり詰めない

メールは改行を適宜入れることで、読みやすく、かつコンパクトにまとまります。

×読みにくい例

○○社
北村　次郎　様
昨日はお忙しいところ、貴重なお時間をいただき、ありがとうございました。昨日のお話の中で、北村様からご指摘いただきました次の2点について、早急に対応したいと考えております。
1　□□社が2009年に開始している類似事業の状況を調査して、情報提供をする必要があるのではないか。
2　資料として、本システムの導入状況を地域別に示すと、営業戦略が立てやすいのではないか。
来週中にはこれらの点を含め、企画書全体の素案を完成し、またご意見をうかがいたいと考えております。なお、貴社の調査結果もまとまり次第、ご提供いただけますと助かります。
なにとぞよろしくお願いいたします。

△△株式会社　営業部企画課　山田　陽子
y.yamada@sankaku.co.jp
000-0000東京都新宿区○○1-2-3　TEL 00-0000-0000

○改善例

□□社
北村　次郎　様

昨日はお忙しいところ、貴重なお時間をいただき、
ありがとうございました。

昨日のお話の中で、北村様からご指摘いただきました
次の2点について、早急に対応したいと考えております。

1　□□社が2009年に開始している類似事業の状況を
調査して、情報提供をする必要があるのではないか。

2　資料として、本システムの導入状況を地域別に示すと、
営業戦略が立てやすいのではないか。

来週中にはこれらの点を含め、企画書全体の素案を完成し、
またご意見をうかがいたいと考えております。

なお、貴社の調査結果もまとまり次第、
ご提供いただけますと助かります。

なにとぞよろしくお願いいたします。
⋮

見た目が読みやすい書き方

□25文字から35文字くらいまででキリのいいところに改行を入れる
□段落の間は1行アキにする
□なるべく、5行以内で1回は1行アキを入れる
□箇条書きの始まる前と終わったあとは1行アキにする
□長い箇条書きの場合は、箇条の間も1行アキにする

2 本文はあて名から始めるべきか

POINT あて名はかしこまり度に応じてつかい分ける

あて名から始める気持ちが大切

メールにはもともと簡潔を第一とする文化があって、以前は本文にあて名を書かないことが多かったのですが、現在、仕事のメールではあて名を書くのが普通になっています。

本文をあて名から書き始めることは相手への敬意にもつながりよい習慣だと思いますが、書いていなくても、マナー違反ではありません。

あて名につける敬称は？　所属は書くか？

通常は「様」です。やわらかく「さま」とひらがなで書く人も多くなっています。これは新しい習慣ですので、よく知らない相手にかしこまってメールを出すときは「様」のほうが無難です。

医師、弁護士、議員、作家などには「先生」とします。

なお、役職名は名前の後ろにつくと敬称になりますので、これに「様」を重ねるのはまちがいになります。「各位」（「皆様」の意味）も敬称を含んでいるので、「各位様」とするとまちがいになります。

名前はフルネームで書くほうがていねいですが、日常的にやりとりする関係なら、適宜、簡略化してよいと思います。

あて名の上に所属を書くかどうかもケース・バイ・ケースです。初めての相手、かしこまったメールには、相手の会社名などの所属を書きます。正式な部署名や役職名を入れると、さらにかしこまった感じになります。

また、文書の場合は、「株式会社」も含めて正式名称で書くのが礼儀ですが、メールの場合は通称も多く使われています。担当者レベルでのメールのやりとりでは、会社名は省略したほうが、お互いに面倒を省けます。

○海山商事株式会社　営業課　←ていねいな書き方
課長　鈴木和夫　様

×海山商事株式会社　営業課
鈴木課長　様　←役職名＋様は敬称重複

○海山商事　←日常的な連絡では社名も通称でOK、
鈴木和夫　様　管理職名も必ずいるわけではない

○鈴木様　←日常的にメールを交換する
担当者同士なら簡単に書くのもOK

○鈴木さま　←かしこまった場面でなければOK

×鈴木さん　←あて名には儀礼的な意味があるので、
「さん」はおかしい。
＊社内メールでは「さん」を用いる場合もある。
その場合は、社内ルールを優先する。

×海山商事
鈴木和夫　様
CC：山田課長　←社外のメールを上司にCCする場合は、
上司に役職名（敬称）をつけない。

○各位　←複数に同報するとき

○委員の皆様へ　←「委員各位」でも同じ意味

3 本文中で違和感のない相手の呼び方は?

POINT
親しい間柄でなければ「様」で通す、白々しければ「さん」でOK

あて名で「様」と書いたら本文中でも「様」をつける?

本文冒頭のあて名に「様」をつけたものの、本文中で相手の名前を書かく場合、「様」とすべきか、「さん」でいいのか迷うことがありますが、

- 相手が目上の人や少し距離がある人→本文も「様」
- 普段から親しく話をしていて、「様」だとていねいすぎて違和感がある場合→あて名が「様」づけでも、本文中は「さん」

という考え方でよいと思います。

*あて名のほうを「さん」づけにするのは△。あて名を書くのは儀礼的な意味もあるので、「さん」にするくらいならあて名を省略してもよいと考えられます。
会社によっては、社内メール（あるいは社内の目下あてのメール）のあて名を「さん」づけにする習慣のところもあります。社内メールのマナーは会社の習慣に従いましょう。

相手の名前を出さない書き方

一対一のメールでは、敬語をつければ相手のこととわかるので、悩んだら相手の名前を呼ばない書き方を考えてみましょう。

山田様が先日指摘されましたように、
この部分は修正が必要かと思います。

↓

先日指摘されましたように、
この部分は修正が必要かと思います。

あて名の敬称と本文での呼び方の例

社外へのメールでの社内の人間の呼び方、社内メールでの上役の呼び方などは、このように書きます。

社外の管理職へのメール

□□株式会社業務課
課長　鈴木　孝　様
…略…
最初に弊社社長のあいさつがありますので、続いて、
鈴木様にごあいさつをいただきたく存じております。

上司へのメール

山田課長　←社内メールはあて名省略でもOK
…略…
最初に社長にあいさつをしていただき、続いて、
課長にお願いしたいと考えております。

親しい社外の人へのメール

石井様
…略…
最初に弊社の山田があいさつをすることに
なっておりますが、
続いて、石井さんにごあいさつをいただければと
考えております。

4　あいさつのバリエーション

POINT　あいさつは無理に凝らず、シンプルに

あいさつの前に名乗ることは必要か？

仕事メールでは、最初に「□□社の林です。」と所属や名前を名乗る習慣があります。短いメールでは省略も可ですが、スクロールしないと署名まで見えない場合は、冒頭で名乗らないと不親切になります。

書く位置としては、以前は第１行目が多かったのですが、最近は、あいさつの後に書く人も多くなっています。

○△△社の大村です。
お世話になっております。

○お世話になっております。
△△社の大村です。

あっさりと、しかし必ず１行は入れる

仕事メールのあいさつは、基本的に簡略でかまいません。簡略なやりとりが一般化されているので、重々しい時候のあいさつなどは違和感をもたれます。

通常のあいさつ

○お世話になっております。

○いつもお世話になっております。

→決定版。たいていの場面で通用する。

○おはようございます。

→毎日のようにメールのやりとりをしている相手への朝一番のメールの場合など。

かしこまったあいさつ

○平素は格別のお引き立てを賜り、
誠にありがとうございます。

○日頃はひとかたならぬご厚情をいただき、
厚く御礼申し上げます。

→これらは、ビジネス文書の定型句で、通常のメール文ではあまりつかわないが、特別にかしこまったメールにしたいときはつかってもよい。

初めての人へのあいさつ

○初めてメールを差し上げます。
私は、△△株式会社の島田と申します。

○突然のメールで失礼をいたします。
△△株式会社の島田と申します。

○△△株式会社の島田と申します。
□□社の山田様からご紹介いただきまして、
メールを差し上げております。

○浜田先生
たいへん失礼ながら、メールでご挨拶申し上げます。
私、△△社の島田と申します。
研究所のホームページで先生のご連絡先を拝見し、
メールを差し上げております。

→初めての人に出す場合。できれば、なぜメールアドレスを知っているのかの説明を書いたほうがよい。

返信でのあいさつ

○メールありがとうございました。

○ご連絡ありがとうございました。

○早速のご返信ありがとうございました。

→返信の場合。これは、「お世話になっております」に重ねてもよい。

○たびたびのメールになり、申し訳ありません。

○重ねてのメールで失礼をいたします。

→補足や修正、別件などで、一日に何度もメールを送っているような場合。

ひさしぶりのあいさつ

○ご無沙汰しております。
その後、お変わりありませんでしょうか。

○すっかりご無沙汰をしております。
△△社の島田です。

→半年以上、連絡をとっていない場合など。これと「お世話になっております」を重ねるのはおかしい。

メールでは略式だと思われるとき

○メールでたいへん失礼をいたします。

→異動のあいさつなど、「本来であれば、手紙や電話をすべきところ」という意味合いをもたせたいとき。

あいさつがないと「こわい」印象になることも

相手のメールを読んであわてて返信しようとすると、あいさつを忘れがちです。あいさつがないと、ぶっきらぼうな感じになり、そのあとの文面が堅いと怒っているように見えることがあります。

×さきほどの件ですが、8月期の調査報告は、
先月20日に添付ファイルで送っております。
ご確認ください。

○お世話になっております。
>8月期の調査報告をまだいただいていないようです。
確認したところ、20日にお送りした履歴がありましたが、
何かのトラブルかもしれません。
念のため、添付いたしますので、ご確認ください。

メールらしい余談を含んだあいさつ

相手に親しみをこめたいときは、天気やニュースにふれるのもよいでしょう。「今」を共有できるのも、すぐに届くメールならではの特色です。ただし、よく知らない相手の場合、余談はどう受け止められるかわからないので、控えたほうがよいでしょう。

あいさつのあと、本題に入るところで「さて、」「さっそくですが、」と話題転換をすれば、スムーズにつながります。

○お世話になっております。
今日はさわやかで過ごしやすいですね。
通勤も楽になってきました。

○お世話になっております。
雨の影響で中央線が止まっているようです。
夕方までに復旧するとよいのですが…

さて、先日のお打ち合わせでは…

5　本題のうまい切り出し方

POINT　長いメールは最初に用件の概要を書いておく

本題の冒頭で用件がわかる書き方

「お世話になっております」などのあいさつのあと、本題をどのように切り出すかによって、メールの印象が違ってきます。

短い用件であれば、即、本題に入ってしまってもよいのですが、用件が長くなるときは、本題の冒頭で用件の概要を説明すると読みやすくなります。以下に、ケース別に文例を示します。

新しい用件で書くとき

新しい用件で連絡する場合は、本題に入るところでワンクッションあったほうが、ていねいなメールになります。

○本日は、来月の研修会につき、配布資料のお願いがあり、メールを差し上げております。

○早速ですが、先日ご相談しました企画会議につきまして、正式に日程が決定いたしましたので、ご連絡申し上げます。

○標記の件についてお願いがあり、ご連絡申し上げました。
→「標記」とは、「標題に書いたこと」。つまり「標記の件」とは、件名に書いたことについて、という意味。

返信するとき

返信のときは、「ご連絡ありがとうございました」などのあいさつのあとに、本題に入ります。話が長くなりそうなときは、冒頭にワンクッション入れます。

○早速見ていただき、助かりました。
細かい点について、いくつか確認がございます。
→以下、箇条書きなどでわかりやすく確認したいことを挙げる。

○ご快諾ありがとうございました。
それでは早速、企画の詳細について、
説明させていただきます。
→この場合、あいさつを「ご返信、拝見いたしました」「メールをうれしく拝見いたしました」などとすると「ありがとう」が重複しません。

○ご質問の点について、以下のとおりご回答申し上げます。
→返信引用を使いながら、相手の質問に逐一答えていきたい場合など。

column

本文を切り出すときの便利フレーズ

これらの言葉は、あいさつのあと、本題を切り出すときにリズムをつけてくれます。

さて、　**早速ですが、**　**ところで、**

6　本文のしめくくり方

POINT　流れをくんでメールの終わり方を変える

定番「よろしくお願いいたします」

メールのしめくくりは、儀礼的にいくつも並べる必要はありません。「よろしくお願いいたします。」が定番ですが、そのときに応じた言葉を選ぶ必要があります。

定番の表現

○以上、
○お忙しいところ申し訳ありませんが、
○お手数をおかけいたしますが、
○今後とも
○これからも何かとご指導くださいますよう、
…よろしくお願いいたします。
…なにとぞ（どうか）よろしくお願いいたします。
…よろしくお願い申し上げます。
…なにとぞ（どうか）よろしくお願い申し上げます。
→仕事の切れ目などで、しばらく連絡を取り合わない見通しの場合は、「これからも」「今後とも」などをつけるとよい。「お願い申し上げます。」は、よりていねい感がある。

すぐに連絡をとる予定のとき

○後ほど、お電話申し上げます。
よろしくお願いいたします。

→とりあえずメールを送っておき、あとで電話で相談するつもりのときなど。「よろしくお願いいたします」も重ねる。

○お返事をお待ちしております。

→問い合わせ、確認などのメールでは、最後にこのように書くことで、相手に返事をもらいたい旨、念を押す。

「とりあえずの連絡です」という意味の締め

○取り急ぎ、ご連絡（ご報告、ご案内、お返事）まで。

○まずは、ご連絡（ご報告、ご案内、お返事）まで。

→「取り急ぎ」「まずは」はビジネス文書の常套句。「本来であれば、お目にかかってお話しすべきところですが、とりあえず」という意味がこめられている。会う予定がなくても、このように述べてていねいさを表現する。

一般顧客向けの締め

○ご不明な点がざいましたら、このメールに返信にて
お問い合わせください。

○ご不明な点がありましたら、いつでもお問い合わせください。

相手に返信の手間をとらせたくないとき

○以上、ご確認いただけましたら、
ご返信は不要です。

○では、当日よろしくお願いいたします。

→後者は、アポイントが完了したときなど。

ハートウォーミングな締め

○暑い（寒い）日が続きますが、

○お忙しいこととは存じますが、

…時折柄、お体には十分にお気をつけください。

7 署名をつける

POINT 仕事用にはフルメニューの情報を入れる

署名とは?

署名とは、メールの本文が終わったあとに入れる差出人のデータの一群のことです。仕事でメールを出す場合は、電話、住所などのメールアドレス以外の連絡先も署名で知らせるのがマナーです。

署名の必要項目

仕事用の署名の場合は、次の内容が必要です。

必須項目

□自分のフルネーム
□メールアドレス
□会社名・部署名
□会社の住所
□電話＆ファックス（住所がない仕事用署名も見かけますが、住所があったほうが相手には便利です）

必要に応じて入れる項目

□会社のホームページのURL
□携帯電話の番号
□メッセージなど（メールアドレスの変更のリマインド、営業用のお知らせなど）

仕事用の署名はシンプルに

通常の署名はシンプルにまとめたほうが、目にもやさしく親切です。HTML形式にしてイラストを散らしている人も見かけますが、仕事用としてはNG。☆を散らしてキラキラさせるのも×です。

何か特別なアピールがあるときは、特別仕様の署名をつくるのもよいでしょう。内容の違ういくつかの署名をつくり、用途に応じてつかい分けてもよいでしょう。

名前先行型

鈴木　聖子 s.suzuki@sankaku.co.jp
△△株式会社　第1事業部営業課
〒000-0000　東京都千代田区0-0-0
電話00-0000-0000　FAX 00-0000-0000

簡略なパターン

*****

鈴木　聖子
△△株式会社
TEL&FAX 00-0000-0000
s.suzuki@sankaku.co.jp

フルメニュー型　お知らせ入り

==============================
△△株式会社　第1事業部営業課　鈴木聖子（すずき　しょうこ）
s.suzuki@sankaku.co.jp　　携帯電話　000-0000-0000
〒000-0000東京都千代田区0-0-0 URL http://sankaku.co.jp
電話00-0000-0000　FAX 00-0000-0000
＊9月30日に社屋が移転しました。電話番号は変更ありません。
==============================

8　本文の組み立て方の基本

POINT　本文の組み立て方のパターンを覚えておこう

必要に応じて要素を取捨選択する

必要な要素は取捨選択して本文を構成します。

□□社企画部 斉藤祐也様	あて名
△△の堀内です。 お世話になっております。	名乗り あいさつ
先日の打ち合わせで話題になっておりました 弊社調査部の調査が見つかりましたので、 添付ファイルにてお送りいたします。	本題
お求めのデータと異なっていた場合には、 お知らせください。	本題のフォロー
よろしくお願いいたします。	しめくくり
(添付ファイル　PDF　340KB)	添付ファイルの案内
------------ 堀内　宏樹　hhoriuchi@sankaku.co.jp △△株式会社　営業1課 〒000-0000　東京都千代田区0-0-0 電話00-0000-0000　FAX00-0000-0000	署名

→「本題のフォロー」：相手が何か不本意だったときに、返信しやすいように書いておく。

斉藤祐也様	あて名
お世話になっております。 報告会テキストの原稿をお送りくださり、 ありがとうございました。	あいさつ お礼など
> 昨年度の調査もあるようでしたら、 > 追加したいと思っています。 調査部によれば、お送りした調査が 最新とのことです。申し訳ありません。	本題1 (質問に答える)
昨年度の数値がなくても、近年の動向は、 十分に分析していただいておりますので、 このまま使わせていただきます。	本題2 (話を次に進める)
もしも修正等がありましたら、 8月末までにお知らせください。	本題2のフォロー
よろしくお願いいたします。	しめくくり
------------ 堀内　宏樹　hhoriuchi@sankaku.co.jp △△株式会社　営業1課 〒000-0000　東京都千代田区0-0-0 電話00-0000-0000　FAX00-0000-0000	署名

→相手に何かしてもらったときは、「あいさつ」に続けて「お礼」を入れる（この文例のような場合は、「お礼」があいさつ代わりにもなるので「あいさつ」を省略してもよい）。

このように、文脈によって、入る要素は変わってきますが、

「あて名」―「あいさつ」―「本題」―「しめくくり」―「署名」

が、本文の組み立ての骨格となります。

9　CCや転送の落とし穴

POINT　送信者の「想定外」の転送は基本NG

うかつに送ると、とても失礼なことに…

あなたとAさんの間で準備してきた仕事についてのやりとりに、Bさんも加わってもらうことになったとき、Aさんとやりとりしてきた返信引用をつけたままのメールをBさんに同報するのは要注意です。本人の承諾を得ないでメールを引用・転送したりするのはマナー違反になるからです。

×□□社
鈴木様

お世話になっております。
◇◇社の斉藤です。

本日は、△△社の山田様からのご相談で、
下記のイベントのご後援をいただけないかというお願いがあり、
メールを差し上げております。

On XX.7.18 2:59 PM, "山田" <yamada@sankaku.co.jp> wrote:
>開催予定日　20XX年9月15日
>イベント名　「プレパパ・プレママ集まれ！子育て教室」
>これから父親・母親になる人を対象とするセミナー
>講師　東西大学　大山大二郎教授（交渉中）
>後援　＊健康的なイメージのある食品メーカーを希望

→◇◇社の斉藤さんが、△△社の山田さんから受け取ったメールの一部をそのまま引用している。□□社の鈴木さんには、△△社が当初から□□社を希望していたわけではないことがわかってしまった。

→山田さんのメールアドレスも表示されており、山田さんの承諾を得ていない場合はこれもマナー違反。

業務上の社内同報はOK

外部からきたメールを社内で共有することは、業務上の必要の範囲であれば、許容されます。社員としてやりとりするメールは、社員個人というよりも所属している組織にあてられていると解釈できるからです。

相手がこちらの上司を直接知らなくても、上司をCCに入れるのが失礼にあたらないのも、同じ考え方です。

ただし、内容にもよるので、ケース・バイ・ケースで判断します。

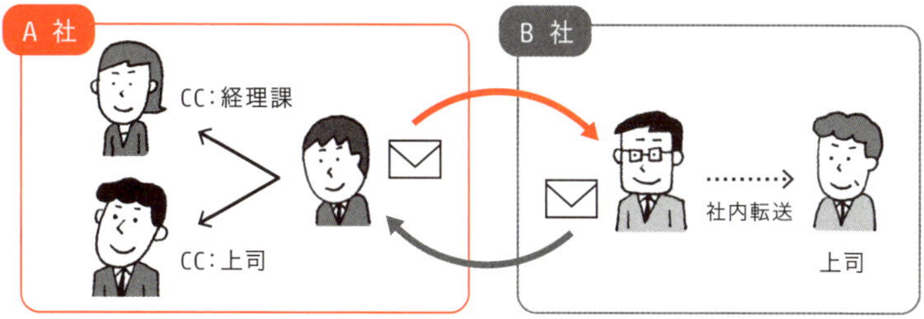

＊相手がCCで社内同報しているメールには、特に支障がなければ、「全員に返信」したほうが親切です。

ちなみに、社員が欠勤したとき、その人の会社アドレスのメールを他の社員が開いて業務を代行する会社もあります。転送されるかどうかにかかわらず、会社アドレスに出すメールには、人に見られて困るような内容は書かないほうが無難です。

column

「！」「（笑）」を使ってもよいか

通常、仕事メールの本題の部分には、「!」や「(笑)」は書きません。「!」や「(笑)」は、文章に感情を加える文字なので、仕事メールにはそぐわないと考えられているからです。

でも、これも原則論で、あいさつや余談の部分に一滴の感情を加えることが、相手との距離を縮めることもあります。

特に、「!」は、「ありがとうございます!」のように、感謝を強調する形でよく使われていて、これを失礼と感じる人はいないと思います。ただし、1本のメールの中に「!」が何度も出てくると、大げさ、あおりすぎの印象になり、せっかくの感謝の言葉も浮ついたものに聞こえてしまいます。

「(笑)」は、本当に気心の知れた相手への余談で使われる程度で、本題部分ではめったに見られません。変に使うと、なれなれしい、不真面目、という心証をもたれることがあるので、要注意です。メールは顔が見えないコミュニケーションなので、ほどよいニュアンスで伝わらないことがあることを肝に銘じておきましょう。

こんなふうに書くと、「気心の知れた相手」とはどんな相手かと悩む人もいるかもしれません。強いて言えば、あなたが「こんなの書いていいのかな」という不安を感じる相手は、まだ「気心の知れた相手」ではありません。気心が知れてくると、自然に書けるようになります。

ちなみに、私がいつもメールをいただく「お堅い仕事」の方は、業務用署名に、いつも新作の俳句を埋め込んでこられます。受け取った人は、誰も不快には思っていないと思います。センスと自信があれば、なんでもできるんですね。

4章

[基本編]

メールの文章術と言い回し

1　尊敬語と謙譲語のまちがい

POINT　社外に対しては、社内の人間のことは謙譲語を使う

メールでも敬語のつかい分けを

　メールでは、敬語表現は軽めにします。それでも難しいのが、尊敬語、謙譲語のつかい分け。次のような基本用語があります。

尊敬語　敬意を払いたい相手の行動や状態を、持ち上げて表現する。

行く—いらっしゃる、おいでになる、お見えになる
会う—お会いになる
食べる—召し上がる
もらう—お受け取りになる
見る—ご覧になる
見せる—お見せになる
言う—お話しになる、おっしゃる
聞く—お聞きになる
知る—お知りになる

謙譲語　敬意を払いたい相手に対して行う行動や状態を、へりくだって表現する。

行く—うかがう、参る
会う—お目にかかる
食べる—いただく
もらう—いただく、ちょうだいする
見る—拝見する
見せる—お目にかける、ご覧に入れる
言う—申し上げる
聞く—拝聴する、うかがう
知る—存じ上げる、存じる

まちがいやすい尊敬語と謙譲語

次のようなつかいまちがいに気をつけましょう。

×添付ファイルを拝見してください。

○添付ファイルをご覧ください。

×弊社に参られたときに、お渡しします。

○弊社においでになったときに、お渡しします。

×受付でうかがってください。

○受付でお聞きになってください。

特に難関　社外の人に身内の目上の人のことを話す

×弊社の佐藤社長が、おっしゃっていました。

○弊社社長の佐藤が、申しておりました。

→社長や上司でも身内の行動には謙譲語をつかう。

→「社長」が名前のあとにつくと敬称になる。

×上司に確認していただきますので、お待ちください。

○上司に確認いたしますので、お待ちください

→上司は身内なので「いただく」は使わない。自分についての謙譲表現にすれば正しくなる。

×先日言われた件は、経理にお伝えしました。

○先日うかがった件は、経理に伝えました。

○先日申しつかりました件は、経理に伝えました。

→「言われた」の「れ」は敬語にも受け身の意味にもなり、まぎらわしいので、「うかがう」「お聞きする」「申しつかる」などの謙譲語にする。

→「お伝えする」は、身内の経理への謙譲表現になるので×。

2 「お」と「ご」のつかい方

POINT 尊敬語か謙譲語かは紙一重。主語は誰かがヒントになる

「お」と「ご」についてのウソ

「『お』や『ご』を自分に関するものにつけるのはまちがい」という説がありますが、まちがいです。「お」と「ご」は、尊敬語にも、謙譲語にも、ていねい語（美化語）にもなります。

名詞につける「お」と「ご」

具体的には次のようにつかい分けます。

○先日いただいたお手紙 …（尊敬語）
○先日お送りしたお手紙 …（謙譲語）
○誰からのお手紙でしょうか？ …（ていねい語）
×私のご意見をお送りします。
→自分から相手に差し上げるものは謙譲の意味で「お」や「ご」をつけてよい。「お料理」など単にていねいの意味でつける場合もOK。
→自分の意見のように、相手に差し上げるというよりは、完全に自分の所属物であるものには「お」や「ご」をつけてはいけない。

○鈴木部長からご説明がありました。 …（尊敬語）
○ご説明は十分でしたでしょうか？ …（謙譲語）

動詞につける「お」と「ご」

動詞では、次のようにつかい分けます。

×会場でお待ちしてください。
○会場でお待ちください。　…（尊敬語）
×今週中にご返信してください。
○今週中にご返信ください。　…（尊敬語）
→「お待ちする」「ご返信する」は謙譲語。相手に使わない表現なので、「ください」もつながらない。

○今週中にご返信いたします。　…（謙譲語）
○今週中にご返信申し上げます。　…（謙譲語）
○会場でお待ちになりますか？　…（尊敬語）
○明日、お待ちしております。　…（謙譲語）

［重要ヒント］
「お（ご）～くださる」「お（ご）～になる」　…（尊敬語）
「お（ご）～する」「お（ご）～致す」　…（謙譲語）
「お（ご）～申し上げる」　…（謙譲語）

余計な「お」と「ご」

次のようなつかい方はまちがいです。

×お洋服がお汚れになっています。
○お洋服が汚れています。
×必要書類はおそろいになりましたか？
○必要書類はそろいましたでしょうか？
→洋服や書類が主語になっている文での、尊敬語はおかしい。

3 「いただく」もつかい方次第

POINT 「させていただく」「いただく」も敬語表現のひとつ

「させていただく」禁止令？

「～させていただきます」はおかしな敬語であるという意見があります。これが拡大解釈されていて、よいものも悪いと言われる傾向がありますが、文化庁の「敬語の指針」によれば、次のような場合には、適切とされています。
①相手側や第三者の許可を受けて行うようなこと
②そのことで恩恵を自分が受けるという事実や気持ちのある場合

具体的には…
○そちらの会場を使わせていただくことになりました。
→これは、①②を明らかに満たした普通の使い方。

×ご利用をお待ちさせていただきます。
△会議資料を送らせていただきます。
○会議資料をお送りいたします。
→一番上は、文法的にまちがい。「お（ご）～させていただく」という敬語の用法はない。「お待ちしております」が正しい。二番目は文法的にはまちがいではないが、業務上、当然送るべきものを送る場合には、上の①②にあたらないので「お送りいたします」でよい。

○頒布会のご案内を送らせていただきます。

○頒布会のご案内をお送りいたします。

→相手が送ってほしいかどうかわからないが、こちらの都合で送る場合には、「お許しもないのに勝手に送って申し訳ない」という気持ちをこめて「送らせていただきます」とする。この場合も、遠慮する必要がなければ、「お送りいたします」でよい。

「いただく」と「くださる」

「ご利用いただき」のように、相手の行動に「いただく」という謙譲語をつかうのはまちがいで、「ご利用くださり」（尊敬語）にすべきという意見もありますが、その行動が自分に利益のあるものであれば、自分の側の謙譲語として「いただく」をつかってもまちがいではありません。

具体的には…

○書類をお送りいただき、ありがとうございます。

○書類をお送りくださり、ありがとうございます。

→自分が送ってもらうのだから、上の例もOK。

○当社製品をお使いいただき、ありがとうございます。

○当社製品をお使いくださり、ありがとうございます。

→自分の製品を「使ってもらう」という立場なので、上の例もOK。

×5分ほど歩いていただきますと、駅に着きます。

△5分ほどお歩きになりますと、駅に着きます。

○5分ほど行きますと、駅に着きます。

→自分のためにしてもらうことではないので、文法的には尊敬語「お歩きになりますと」が正しい。しかし、道案内であれば「行きますと」がフィットする。「行く」の主語は相手ではなく、「一般的にだれでも」という意味なので、失礼にはあたらない。

4　ていねいさでつかい分ける敬語表現

POINT　相手や状況によってフィットするレベルを選ぶ

関係によってつかい分ける

敬語は、相手との関係によって、重くしたり軽くしたりしてつかい分けます。次のようなランクをめやすにして選ぶとよいでしょう。

なお、メールでの敬語は、ビジネス文書での敬語よりも軽めになりますので、ここではメール標準で示します。

軽　社内メール　気心の知れた社外担当者同士のメール
中　取引先への事務的な業務連絡、身近な目上の人へのメール
重　VIP、ふだん会わない年長者、面識のない相手への初メール

「送ってほしい」

（軽）お送りください。
（中）お送りください。
お送り（ご送付）くださいますようお願いします。
お送り（ご送付）いただきたくお願いいたします。
（重）お送り（ご送付）くださいますようお願い申し上げます。
お送り（ご送付）いただきたくお願い申し上げます。
ご送付賜りますようお願い申し上げます。
→「お手数ですが」「誠に恐縮ですが」などをのせるのがていねい。

「送ります」

（軽）お送りします。お送りいたします。

お送りいたします。

お送りいたします。お送り申し上げます。
ご送付申し上げます。送らせていただきます。

→「お送りいたしましたので、ご査収ください」という表現もよくつかわれる。査収とは「よく調べて受け取る」という意味（P100参照）。

「受け取りました」

受け取りました。

受け取りました。
受領いたしました。
いただきました。

受領いたしました。拝受いたしました。

「確認してください」

確認をお願いします。
ご確認ください。

ご確認ください。
ご確認くださいますようお願いいたします。

ご確認くださいますようお願いいたします。
ご確認いただきたく、お願い申し上げます。

「きてください」

きてください。おいでください。
いらっしゃってください。

おいでください。
お越しください。
おいでくださいますようお願いいたします。

おいでくださいますようお願いいたします。
お越しくださいますようお願い申し上げます。

→「気をつけておいでください」は○。「気をつけて」に「お」はつけない（「気をつけて」の尊敬表現は「お気をつけになって」だが、くどくなってしまうので、「気をつけて」でかまわない）。

「行きます」

行きます。うかがいます。

うかがいます。
おうかがいします。
おうかがいいたします。
参ります。

おうかがいいたします。
うかがわせていただきます。
参ります。

→「うかがわせていただきます」は二重敬語になっているが、現在では一般的に用いられている。

「会いたいのですが」

お会いしたいと思っております。
お会いできれば幸いです。

お目にかかりたいと思っております。
お目にかかりたく存じます。
お目にかかれれば幸いです。

お目にかかりたく存じます。
お目にかかりたくお願い申し上げます。
お目にかかれましたら幸甚に存じます。

→打ち合わせをお願いする場合は、お会いしたいという表現の代わりに、「打ち合わせをさせていただきたく、お願いいたします」「一度打ち合わせのお時間をいただきたく存じます」などの表現でもよい。

→「お忙しいところ恐れ入りますが」「ご多忙のところ恐縮ですが」などの言葉をのせると、よりていねい。

「わかりました」

了解しました。了解いたしました。

了解いたしました。承知いたしました。

承知いたしました。

→「了解」と「承知」の違いについては（P98参照）。

「了承してください」

ご了承ください。

ご了承くださいますようお願いいたします。

ご了承くださいますようお願いいたします。

ご了承のほどお願いいたします。

ご了承いただきたくお願いいたします。

ご了承いただきたくお願い申し上げます。

ご高承のほどお願い申し上げます。

→「なにとぞ」をのせると、ていねいで強いお願いになる。

「できるかどうか意向を聞きたい」

〜することは可能でしょうか。

〜していただきたいと考えておりますが、いかがでしょうか。

〜していただきたく存じますが、いかがでございましょうか。

〜していただけましたらたいへん幸甚に存じますが、
いかがでしょうか。

「お詫びします」

申し訳ありません。

申し訳ありません。申し訳ございません。

申し訳なく、お詫び申し上げます。

申し訳なく、心よりお詫び申し上げます。

→深くお詫びしたいときは「たいへん」「誠に」をつける。

→「すみません」は、通常、仕事メールにはつかわない。

5 とにかく短文にしよう

POINT まずは書いてから、読み直して文章を整理する

まずは全体を書いてみよう

文章の書き方の本を読むと、たいてい「なるべく短文で書け」と書いてあります。メールの場合は特に、画面をスクロールしながら読むので、長々と続く文章は読みにくいものです。

幸い、メールは送信するまでは何回でも修正できます。最初から短文で書こうと悩むよりも、思いつくまま書いてみてから、短く整理するとラクです。

短文・改行でこんなに違う

文章が長く、改行のないメールは次のように修正します。

×作業日程の修正案を添付いたします。
この案では8月中旬に集中的に作業することで、コストを圧縮することが可能ですが、夏期休業中であるため、工程ごとのテストができず、最終段階でトラブルがあった場合にリカバリーに時間がかかるというリスクもあり、私どもといたしましては、原案のほうをお勧めしたいと考えております。

↓ 文章を切って、改行を入れ、
段落ごとに１行アキを挿入する。

○作業日程の修正案を添付いたします。

この案では8月中旬に集中的に作業することで、
コストを圧縮することが可能です。

ただし、夏期休業中であるため、
工程ごとのテストができません。
最終段階でトラブルがあった場合に
リカバリーに時間がかかるというリスクもあります。

このため、私どもといたしましては、
原案のほうをお勧めしたいと考えております。

文脈のねじれにも注意

短文にしたとき、「しかし」などの逆接の接続詞が続いて入ってしまうときは、文脈がねじれている可能性があります。また、二転三転する書き方はわかりにくいので、最初に結論を書くとよくなります。

×キャッチコピーの「ごくごく」ですが、豪快なイメージが夏らしくて好印象ですが、「こくこく」のほうが意外性もあって面白く、また、「ごくごく」のほうは骨太な感じがするのですが、「こくこく」の軽い感じがよいということになりました。

↓

○キャッチコピーは「こくこく」がよい
ということになりました。

「ごくごく」は、豪快なイメージが夏らしく、
骨太な感じが好印象でした。
しかし、「こくこく」は意外性もあって面白く、
軽い感じがよいということになりました。

6 へりくだりや誇張はほどほどに

POINT 礼儀を忘れず、かつ淡々と話を進める

気をつかう相手であっても端的に

たまにしかやりとりしない目上の人へのメールや、案件が複雑なメールなどは、書き方に神経をつかいますが、そんなときも、メールは端的にわかりやすく書く必要があります。やたらにへりくだった表現を書き込み過ぎると、頼りない印象を与えてしまいます。

へりくだりすぎの例

×たいへんお世話になっております。
貴社におかれましては、
ますますご清栄のこととお喜び申し上げます。 …不要①

>そちらでの工程がわかったほうが、
>こちらの調整もやりやすいので、
>工程表をお送りいただけると助かります。
気がつかず、申し訳ございません。 …不要②

恥ずかしながら、 …不要②
見ていただけるようなきちんとしたものがなく、
現在、作成しております。
今しばらくお待ちくださいますよう、 …不十分③
お願いいたします。

貴社のすばらしいプロジェクトに参加させていただき、
光栄に存じております。 …不要④

どうかよろしくお願いいたします。

①ビジネス文書の定型的なあいさつはつかってもまちがいではないが、すでに業務上のやりとりが始まっているときは、重いあいさつはいらない。
②ネガティブな言葉の使い過ぎに注意。
③不要なへりくだりが多いのに、大切な内容が落ちている。こちらに「宿題」があるときは、いつまでにできるかを書き添える。
④「貴社のすばらしいプロジェクト」云々は、仕事が始まるときや終わったあとにしよう。

修正した例

○たいへんお世話になっております。
メールをありがとうございました。

>そちらでの工程がわかったほうが、
>こちらの調整もやりやすいので、
>工程表をお送りいただけると助かります。
了解いたしました。
現在、わかりやすく整理中ですので、
しばらくお待ちください。

来週4日にはお送りできる予定です。

何かとご迷惑をおかけいたしますが、
なにとぞよろしくお願いいたします。

7　結論先行、箇条書きをうまくつかう

POINT　誰が見ても「わかりやすい」書き方を心がける

結論先行ですっきり伝える

何かを説明するときに、結論を先に書いてから、理由を書くことを結論先行型の書き方と言います。報告書や論文の書き方として推奨されている形式ですが、メールでも、結論先行で書くとすっきりわかりやすくなります。

×貴協会の機関誌への広告出稿の件ですが、
ご存知のとおり、弊社の製品は子育て世代を
対象としており、機関誌の読者層とは合わないと
判断されます。

このため、社内で検討いたしました結果、残念ながら、
広告出稿は見送らせていただくことになりました。

○社内で検討いたしました結果、残念ながら、
貴協会の機関誌への広告出稿は、
見送らせていただくことになりました。

弊社の製品は子育て世代を対象としており、
機関誌の読者層とは合わないと判断されました。

→この部分の前には、広告出稿の案内をもらったことへのお礼、後ろには、期待にそえなかったことへのお詫びを入れる。

結論先行は、多くの仕事メールで有効ですが、状況によっては、お詫びや説明などを先行させたほうがよい場合もあります（P164、P182参照）。

箇条書きでさくさく伝える

会議やイベントの案内、条件がいろいろある依頼などは、箇条書きを使って、わかりやすく書きます（P132、P150、P194参照）。

手続きを知らせる次のような内容も、文章に埋め込まず、箇条書きにしたほうがわかりやすくなります。

> 事務手続のために、次の書類をご提出ください。
> 1. 施設利用申請書
> （添付の様式にご記入ください）
> 2. 企画説明書
> （添付の様式にご記入ください）
> 3. 貴団体の活動実績がわかる資料
> （会報、ホームページのプリントアウトなど）

相手に確認したい事柄が複数あるときも、相手が答えやすいように箇条書きにします（P154参照）。

> 次の3点について、ご教示ください。
> 1　会場の最大定員
> 2　プロジェクター使用の可否
> 3　利用できるマイクの本数

8　書かなくてもいい一言に注意

POINT　悪気はなくても、つい書いてしまう余計な一言に注意しよう

あいさつも意味を考えて書く

習慣で何げなく書くと、矛盾したあいさつになっていることもあります。

×いつもお世話になっております。
すっかりご無沙汰してしまい、申し訳ございません。

○すっかりご無沙汰しております。
その後、お変わりありませんでしょうか。
→「ご無沙汰」しているのであれば、「いつもお世話になって」いる状態とはいえない。

プライバシーは伏せる

相手との関係にもよりますが、どう思われるかわからない場合は、社内の人間の休暇や欠勤は、社外へはぼかして伝えます。

×申し訳ございません。
上司が休暇で家族旅行に行っておりまして、
この件についての確認がとれません。

○申し訳ございません。
本日上司が不在にしておりますので、
この件についての確認がとれません。

重要度をてんびんにかけない

本来は、ダブルブッキングのないように日程管理をすべきですが、どうしても重なってしまうこともあります。そんなときはこのように。

×重要な会議が入ってしまい、
そちらの会議に行けなくなってしまいました。

○のっぴきならない用事が入ってしまい、
どうしても出席できなくなってしまいました。

→気軽な交流会などであれば、「重要な会議」を断る理由にしてもよいが、他の会議に出るので会議を欠席というのは×。理由を明らかにすると、かえって失礼になることもある。

ほめ方が的はずれにならないように

お礼のメールなどでは、感想を添えることで、感謝の気持ちをより深く伝えることができますが、ほめ方をまちがえると、とても失礼になることがあります。

×昨日はすばらしいお話をありがとうございました。
私などは人前でろくに話ができないものですから、
先生の堂々としたわかりやすいお話に感心しておりました。

○昨日はすばらしいお話をありがとうございました。
先生の一つ一つのお言葉が胸に響き、
あっと言う間の1時間でした。

→その人の本業の能力を、素人の自分と比べてほめるのは失礼。また、目上の人に「感心する」という表現は避けたほうがよい。

9 返信引用のつかいこなし方

POINT 返信引用で上手なキャッチボールをしよう

全文引用と部分引用を必要に応じて選択

引用は、全文をそのまま残す全文引用と、必要部分だけを引用する部分引用の２つの方法があります。

返信をクリックすると、まず全文引用された返信メールが立ち上がります。この全文引用の必要箇所だけを残して（部分引用）、コメントをつけても、返信メールを手早く作成できます。

全文引用をそのままにしてやりとりの履歴を残したいが部分的にコメントしたい箇所がある、というときは、全文引用の中から必要箇所をコピー＆ペーストしてコメントをつけます。

部分引用のつかいこなし方

相手の書いている内容にこまやかに答える

>先日いただいたプランを社内で検討しましたところ、
>会場の交通の便について懸念する意見が出されました。
現時点なら、他の会場の候補も2〜3挙げられますので、
調べて数日中ご提案いたします。

>また、イベントの名称「○○フェスタ」は
>わかりやすいと好評でした。
ありがとうございます。
では、イベント名については、
これで決定とさせていただきます。

相手の記述にコメントする

> ここに消費者自身が気づいていないニーズがあると
> 思われます。

たいへん鋭いご指摘をありがとうございます。
企画書の冒頭部分で、ぜひこのような視点をお書きいただきたいと思います。

さりげなく訂正する

> 計算すると、返品が2000個にも及んでいます。

資料がわかりにくくて、たいへん申し訳ありません。
返品数は、C-Aになりますので、200個になります。

相手が返信引用で答えやすいように書く

「執筆者紹介」に掲載させていただきますので、
次の項目についてお知らせください。

■お名前の読み（ひらがな）
■最終学歴
■現職
■研究分野
■主な論文・ご著書

お手数ですが、次のうち、
ご都合のよい日に○をつけてご返信ください。

3月23日（月）
3月24日（火）
3月30日（月）
3月31日（火）
4月1日（水）

10　相手を安心させる返信メール

POINT　タイミングを逃さず、ポイントをはずさず返信する

返信すべき事柄をもらさず拾う

メールには、確認事項や質問が複数含まれていることがありますが、返信では、それらすべてに反応する必要があります。

いくつか案件があったのに応答がない事柄があると、相手は再度確認しなければならず、お互いにロスが多くなります。案件が多くて複雑な場合は、返信引用を使って、一つ一つ答えていきます。（P88参照）

○演題については、了解いたしました。
プロジェクターの使用の有無については、
検討して、来週中にはお返事したいと思います。
→このようなフォローがあれば、相手は安心して待てる。

とりあえずの返信でもいいのでタイミングを逃さず

分量の多い資料、社内での検討に時間がかかりそうな案件、急がない読み物などを受け取ったときは、時間をおかず、とりあえず「受け取った」ことを返信します。

○資料をお送りいただき、ありがとうございました。
これからじっくり拝見します。
またご連絡いたします。

○メールをありがとうございました。
ご提案の件ですが、関係部署にも諮る必要があり、
2週間ほどお時間をいただきたく存じます。
お待たせして申し訳ありませんが、
よろしくお願いいたします。

○レポートをお送りいただき、
誠にありがとうございました。
これから拝読し、勉強させていただきます。

アポイントは復唱する

メールをやりとりしてアポイントが成立したときは、日時を復唱するか、返信引用で明確にします。

○ご返信ありがとうございました。
>では、7月25日（土）10時ではいかがでしょう。
了解いたしました。
この時間に貴社におうかがいいたします。

○ご返信ありがとうございました。
それでは、7月25日（土）10時に
貴社におうかがいいたします。
→日時とともに、場所も書き添えると、より安心。

11 一言で終わってしまうときの太らせ方

POINT 1行そえて読む人の心をなごませる

ていねいさを出すために言葉を重ねる

気持ちとして、もう少していねいさを出したいのに、言葉が思いつかないときがあります。そんなときは、こんなふうに太らせます。

△早速のご返信ありがとうございました。
＞それでは、8日午後2時にお待ちしております。
よろしくお願いいたします。

↓

○早速のご返信ありがとうございました。
＞それでは、8日午後2時にお待ちしております。
お忙しいところ、恐縮です。
お目にかかれますことを楽しみにしております。
どうかよろしくお願いいたします。
→用件や相手との関係によっては、「お目にかかれますことを楽しみにしております」はフィットしない場合もあるので、そのときは省く。

△＞レジメをお送りいたします。
ありがとうございました。

↓

○＞レジメをお送りいたします。
早速おまとめいただき、助かりました。
ありがとうございました。

当日は、よろしくお願いいたします。
→相手の行動を想像して、感謝やお願いの言葉を補う。

△広報原稿をご確認いただき、
ありがとうございました。

↓

○広報原稿をご確認いただき、
ありがとうございました。
おかげさまで、予定どおり本日、
チラシを入稿いたしました。
引き続き、よろしくお願いいたします。
→こちら側がどんなふうに助かったかを書いて、感謝を具体的にする。

一言でいいときもある

業務上のやりとりで、ちょっとした補足や訂正を送るときなどは、くどくど言い訳を書かずにさらりと送ります。

添付ファイルのつけ忘れを指摘されたときの返信

○申し訳ございません。
再送信いたします。
よろしくお願いいたします。

単純な書きまちがいを指摘されたときの返信

○申し訳ございません。
曜日がまちがっておりました。
1月25日（月）3時にうかがいます。
よろしくお願いいたします。

12 携帯・スマホメールをつかうなら

POINT 小さな画面でも読みやすくなるように工夫しよう

携帯・スマホからパソコンへのメール

携帯やスマートホン（スマホ）からメールを打たなければならないこともありますが、文面がぶっきらぼうになりがちです。

そこで、携帯・スマホからの発信であることを文面に入れておくと、相手も察してくれて安心です。以下の点に注意。

> △△社の川島です。
> お世話になっております。
> 出張先のため、携帯メールで失礼いたします。
>
> ご希望に合う物件が見つかりましたので、
> なるべく早くお目にかけたいと思っておりますが、
> ご都合はいかがでしょうか。
>
> 勝手ながら、明日か明後日ですと助かります。
> ご返信をお待ちしております。

①**キリのいい改行、段落ごとに1行アキ：**上のように、パソコンでの表示を想像してキリのいいところで改行を入れ、段落ごとに1行アキを入れる。

②**必ず件名を入れる：**携帯・スマホメールでは件名を入れないことが多いが、仕事メールで使うときは、必ず件名を入れる。

③**最初に名乗る：**差出人欄にはメールアドレスしか表示されないの

で、最初に名乗ることが不可欠。署名は省略してもよい。

④急ぎでなければパソコンで返信：携帯・スマホでは、メールの全体像が見えず、相手の質問を見落としたりして返事が不十分なものになりがち。急ぎでなければパソコンで返信したほうが無難。

パソコンから携帯・スマホへのメール

×□□社との打ち合わせで
すが、
来週15日3時からではど
うかと、
打診がありました。

→携帯画面の折り返しが、改行とミスマッチになり読みにくい。
→本文で必ず、社名を入れて名乗ること。

①なるべく簡潔に：パソコンから携帯・スマホに送る場合は、相手が小さな画面で読むことを考えて、なるべく簡潔に書く。

②改行に気をつける：パソコン画面に合わせた改行が、携帯・スマホでは中途半端になることがあるので、文章の途中で改行は入れないようにする。

機密保持・会社アドレスへのCC

業務情報の機密保持のために、会社アドレスのメールを携帯などに転送することを禁止している会社もあります。禁止されていない場合も、情報の取り扱いには十分に注意する必要があります。

なお、携帯・スマホを仕事メールに使用する場合は、CCに自分の会社アドレスを入れておくと、自分もパソコンに控えが残せるし、相手側も「全員に返信」で、会社アドレスにも同報できて、便利です。

13　電話とメールの合わせ技

POINT　電話の余韻を利用してスムーズに用件に入る

電話で話したことの続きをメールに書く

電話で了解をもらってから、メールで詳しい内容を送るなど、メールの前に電話をかけることはよくあります。

そんなときは、こんな言い回しが便利です。

○さきほどは、お電話で失礼をいたしました。

取材をお願いしました企画の詳細について、
ご説明をさせていただきます。…

○さきほど、お電話いたしました△△社の山本です。

このたびは、無理なお願いにもかかわらず、
ご快諾をいただき、ありがとうございました。

特集の企画書を添付いたしましたので、
ご参照ください。…

○さきほどは、お電話をありがとうございました。
ご相談のありました商品の仕様書をお送りいたしますので、
ご検討ください。

緊急時に電話がつながらないときのメール

「重大な事故が起こった」「思いがけないキャンセルが発生した」というとき、相手がいつ開くかわからないメールでの連絡だけでは不適切です。まずは電話で、確実に知らせ、同時に声で感情を伝えながらお詫びをします。

電話をしても相手と連絡がとれなかった場合には、電話での伝言、留守電、メールなどで至急連絡をとりたい旨を伝え、連絡をとろうとした痕跡を残します。

今ほど、ご自宅の留守番電話に入れさせていただきましたが、
明日ご講演いただくはずだった会場の○○会館が
台風の被害により、使用不能となり、
講演会の開催が困難になってしまいました。

たいへん申し訳ありませんが、開催を延期させていただきたく、
ご連絡申し上げております。
また、時間を見計らってお電話いたします。
どうかよろしくお願いいたします。

→会場の都合であっても、講師には主催者が講演会の延期を詫びなくてはならない。延期の事実を伝えたことに満足せず、改めて電話をかけて、声でお詫びの気持ちを表現しよう。

14 ご苦労さま・お疲れさま・了解・承知・了承のつかい分け

POINT 正しくつかい分けて不快にさせないように

「お疲れさま」「ご苦労さま」のつかい分け

相手によって、次のようにつかい分けるのが正しいとされます。

× （目上に）昨日はご苦労さまでした。
○ （目上に）昨日はお疲れさまでした。
○ （一緒に仕事をした目上に）昨日はありがとうございました。

「ご苦労さま」と「お疲れさま」はどちらも相手の労をねぎらう言葉ですが、目上の人に対しては「ご苦労さま」はつかわず「お疲れさま」をつかうという考え方が定着しています。

その一方で、目下の者が目上の労をねぎらうこと自体が失礼という考え方もあります。これはケース・バイ・ケースで、たとえば、研修を終えた講師、自分の仕事を指導してくれた上司などには、「お疲れさま」よりも「ありがとうございました」というほうが適切と言えます。

「了解」「承知」「了承」のつかい分け

これらの言葉は、相手にYesの返事を求めたり、自分が相手にYesと返事する場合によくつかわれます。

Yesの返事を求める
△ （目上に）ご了解くださいますようお願いいたします。

△（目上に）ご承知くださいますようお願いいたします。

○（目上に）ご了承くださいますようお願いいたします。

- 「了解」→ 納得して理解すること。
- 「承知」→ は聞き入れ同意すること。
- 「了承」→ は事情をくみとって承知すること。

上2つは相手に受け入れることを強いる書き方で失礼です。 これらに対して、「了承」は事情をくみとって承知することとされ、少しやわらかいニュアンスでつかわれています。断固とイエスを迫りたいときは上2つでもよいのですが、通常は「了承」をつかいます。

○ご無理をお願いし、誠に申し訳ありませんが、
なにとぞご了承くださいますようお願い申し上げます。

Yesの返事をする

○了解（いた）しました。

○承知（いた）しました。

×了承（いた）しました。

○確かに承りました。

△かしこまりました。

- 「了解」→ 理解して受け入れるというニュアンスが強く、担当者同士、上司と部下の間でつかわれます。
- 「承知」→ 無条件に受け入れるニュアンスが強く、一般顧客から指示を受けるなど一方的に従う立場になる場合に適しています。「確かに承りました」も同様。
- 「かしこまりました」→ より低姿勢な恐縮した返事であり、口頭ではよくつかわれますが、仕事メールではやや不自然です。
- 「了承」→ 相手の事情をくみとる意味があり、一段高い位置からの承諾になるので、相手に敬意を払いたい場合には不適当です。

15 確認をお願いする言い回し

POINT 確認してどうしてほしいのかによって表現を変える

送りっぱなしでよい場合

確定した事柄、要請された資料を送る場合など、送ったものについて、相手からの返信を期待しない場合は、こんな書き方にします。

スケジュール表をお送りいたします。
ご査収ください。
よろしくお願いいたします。

→「査収」とは、金銭、物品、書類などをよく調べて受け取るという意味で、送りっぱなしにするときに、よく使われる表現。贈答品などを贈るときには使わない。

簡単な確認をお願いしたいとき

簡単な確認の場合も、返事をほしいときはその旨を明確に書きます。

会議次第の案を下記のとおりまとめましたので、
ご確認いただきたく、お願いいたします。
：
（会議次第の案）
：
何か不都合な点等がございましたら、お知らせください。

3月10日ごろには確定させたいと思いますので、
よろしくお願いいたします。

手間のかかる確認作業をお願いする場合

手間のかかる確認作業の場合、確認の要点、期日、返信方法など、わかりやすく示す必要があります（P152参照）。

○5月の会議の議事録が上がってまいりましたので、
ワードファイルで添付いたします。

お忙しいところ、たいへん恐縮ですが、
お目通しいただき、修正などがございましたら、
来週15日までにご返信いただければ幸いです。

なにとぞよろしくお願いいたします。

→「お目通し」は、ページ物の文書などを確認してもらいたいときに便利な言葉。メール本文に書いてすんでしまうような簡単な内容については「お目通し」とは言わない。

類似表現のつかい分け

ご査収ください →受け取るだけでいいとき。
お確かめください→問題があれば指摘してほしいとき。
ご確認ください →問題があれば指摘してほしいとき。
お目通しください→長い文章等を見てもらいたいとき。
ご検討ください →積極的に意見を求めるとき。

16 場所を案内する言い回し

POINT 電話、住所、地図、アクセスなどの情報をそろえる

催しのお知らせの中での会場案内

ホール、会議場、レストランなどは、ホームページに地図がリンクされている場合が多いので、URLで案内すると簡単です。URLで案内した場合も、電話番号はメール本文に書いておいたほうが安心です。

会場　△△会館
　　　豊島区東池袋×-×-×
　　　電話00-0000-0000

＊地図は、こちらをご覧ください。
http://sankakukaikan/map/

有楽町線東池袋駅の出口6から徒歩5分程度です。
お車でおいでになる場合は、地下の駐車場が
ご利用になれます。

会食に招待するメールの中での案内

待ち合わせの場合は、携帯電話の番号を知らせておくと安心です。

下記のレストランにて7時にお待ちしております。

「フレンチ」　tel 00-0000-0000

△△パークホテル15階
http://parkhotel/french/
＊□□社・中村の名前で予約しております。
私の携帯は、000-0000-0000　です。

なにとぞよろしくお願いいたします。

アポイント成立後の自社への案内

自社への案内の場合、建物の中に入ったあとの手続きについても説明しておきます。

それでは、9月10日午後2時にお待ちしております。

弊社の地図を添付いたします（pdf)。
永田町駅から徒歩8分程度です。
1階受付で、システム課の小林をお呼びください。

ご足労をおかけいたしますが、
なにとぞよろしくお願いいたします。

→「ご足労をおかけする」とは、わざわざ足を運んでもらうことに敬意を表する表現。「ご足労をおかけし、恐縮ではございますが、」などとつかわれる（P106参照)。

17　お願いにもいろいろな言い回し

POINT　「お願い」という言葉を何度も書かない書き方

日常業務での軽いお願い

締めのあいさつ程度の「よろしくお願いいたします」にも、相手を思う言葉をそえるとていねいです。

> お世話になっております。
> そろそろ8月分の請求書をお送りください。
>
> お忙しいところお手数をおかけいたしますが、
> よろしくお願いいたします。
>
> →定期的な業務のリマインドメール。
> →「お忙しいところお手数をおかけいたしますが、」は、お願いごとにつける定型フレーズ。

お願いの文脈を整理する

何を、いつまでに、どうするのか明確に書きます。複雑な用件は箇条書きにします（P85参照）。

> お手数ですが、添付の書類にご記入のうえ、
> お戻しくださいますようお願いいたします。
>
> ご返信は、10月5日までに、

添付ファイルでご返信いただくか、
ファックスでお送りください。
（ファックス番号：00-0000-0000）

なにとぞよろしくお願い申し上げます。

→下手をすると3つの段落にそれぞれ「お願い」という言葉が入ってしまうところだが、真ん中の段落の表現を工夫して、「お願い」が重複しすぎないようにしている。

恐縮してしまう無理なお願い

無理をお願いせざるをえない場合、一方的に押しつけるのではなく、相手の都合を聞く形でまとめたほうが、相手としても受け入れやすいでしょう。

つきましては、たいへん恐縮ですが、
遅くとも来週15日までに原稿をいただければ、
と考えております。

急なお願いで、本当に申し訳ありません。
ご都合はいかがでしょうか。

どうかよろしくお願いいたします。

→これも「お願い」という言葉が重なりがちな内容だが、1回にまとめている。「〜いただければ幸いです」という言い回しもよく使われる。
→もっとていねいにする場合は、上の各部分を「恐縮ではございますが」「存じております」「申し訳ございません」「お願い申し上げます」などの表現にする。

18　感謝にもいろいろな言い回し

POINT　何かしてもらったら、すかさずお礼を言う習慣を

よくある軽いお礼

何かを送ってもらった、会って打ち合わせをしたなど、何かをしてもらったあとのメールには、必ず一言お礼を書きます。

○書類をお送りいただきまして、
ありがとうございました。
お手数をおかけいたしました。

○昨日は、弊社までご足労いただき、
誠にありがとうございました。

→「ご足労」を「ご苦労」と混同して、目上の人に使ってはいけないとする意見もあるが、正しくない。気になる人は、「お忙しいところご来社いただきまして」としてもよい。
→この場合、「開発現場のリアルタイムのお話をうかがうことができ、たいへん勉強になりました」などと続けることができれば、感謝を具体的に表現できる。

気持ちをこめたいお礼

「ありがとうございました」「心より感謝いたしております」などの表現を重ねると、感謝の気持ちをより強く表現できます。

原稿をお送りいただき、
ありがとうございました。

鋭いご指摘にいちいちうなずきながら、
読ませていただきました。

お忙しいなか、ご執筆いただきましたこと、
心より感謝いたしております。

→「玉稿」「拝受いたしました」という言い方もあるが、かなりかしこまった表現になる。
→上の文例のように感謝の内容を具体的に入れると、お礼の言葉を重ねてもくどくならない。

「ありがとう」のフレーズいろいろ

○○していただき、
…ありがとうございます。
…ありがとうございました。
…誠にありがとうございます。
…心より御礼申し上げます。
○○していただきましたことを、（○○していただき、）
…心より感謝申し上げます。
…心より感謝いたします。

＊「心より」の代わりに、「深く」「厚く」なども使える。
＊メールの締めに「取り急ぎ、御礼まで申し上げます」「まずは、御礼まで申し上げます」ともってきてもよい。「取り急ぎ」「まずは」とは、「本来お目にかかって申し上げるべきところですが、とりあえず…」という意味で、いずれも敬意をこめた表現。

19 嫌みのないお断りの言い回し

POINT　理由を明確に書くと失礼なこともある

相手の好意に感謝しながら…

お誘いの軽重、相手によって、言い回しを変えます。

○ご案内ありがとうございました。
久しぶりに皆様にお目にかかりたいのですが、
残念ながら、この日はどうしてもうかがえません。
ご盛会をお祈りしております。

○>担当者交流会、よろしければ、お出かけください。
お誘いありがとうございます。
ぜひうかがいたいところなのですが、
あいにく先約があり、参加できません。
また機会がありましたら、よろしくお願いいたします。

○>打ち上げの会をさせていただければと考えております。
>20日から28日までの夜で、
>ご都合のつく日はありますでしょうか。
お心づかい、ありがとうございます。

ぜひと申し上げたいところなのですが、
現在、来月の海外出張の準備に追われております。
たいへん残念ですが、今回はお気持ちだけいただき、
またの機会にお願いできればと思っております。

→ただし、VIPなどからのスペシャルなお誘いの場合、飲み会であっても「忙しい」を理由に断るのは避けたほうがよい。

×祝賀パーティへのお招きありがとうございます。
残念ですが、現在仕事が忙しく、うかがうことができません。
→祝い事などへの参加を「多忙」を理由に断るのは失礼。多忙で参加できないときは、「どうしても都合がつかず、出席できません」などと書く。

用事が重なったら

お誘いへのお断りは、業務上の重要度や切実さから、誰が見ても当然という理由があれば説明すべきですが、そうでない場合は、理由を詳しく書くと優先順位が見えてかえって失礼になるので注意しましょう。

また、大切な取引先などからのお誘いを断りたいときは、上司などに失礼のない対応を相談したほうがよいでしょう。

お断りに便利なフレーズいろいろ

○せっかくのお誘い（ご案内）ですが、
○ぜひうかがいたいところですが、
…残念ながら
…あいにく
…先約があり、（先約＝先に決まっていた約束）
…どうしても都合がつかず、
…のっぴきならない用事があり、
…参加することができません。
…どうしてもうかがえません。
…失礼させていただきます。

20　誠心誠意のお詫びの言い回し

POINT　事態の重さによって表現をつかい分ける

メールのお詫びでよいときの言い回し

メールのお詫びでは軽すぎる場合もありますが、次のような場合は、おおむねOKです。

○＞口座振込依頼書が同封されていませんでした。
たいへん申し訳ありません。すぐにお送りいたします。

ご迷惑をおかけしますが、どうかよろしくお願いいたします。

○たいへん申し訳ありません。
さきほどお送りした見積書に誤りがありました。

パーツの価格が改定されていることに気がつかず、
古い価格での見積額になっておりました。
現在、メーカーに問い合わせておりますので、
明日までお待ちいただけましたら幸いです。

ご迷惑をおかけいたしますこと、心よりお詫び申し上げます。

→「申し訳ありません」「お詫び申し上げます」などの言葉を重ねてつかうと、より深いお詫びの表現になる。

電話でお詫びしたあとのメール

○このたびは、会議を延期していただくような事態になり、
たいへんなご迷惑をおかけいたしました。
心よりお詫び申し上げます。

なんとかデータの復旧が完了し、
資料が完成いたしましたので、お送り申し上げます。

今後はこのような事故のないように、
作業体制の見直しを行ってまいりますので、
なにとぞよろしくお願いいたします。

事態の軽重を見分ける

事態の重さによって、メールだけですませてはいけない場合があることも知っておきましょう。目安としては、次のように考えられます。

①業務上の小さなミス（送り忘れ、回答遅れなど）で、相手にちょっとした手間や心配をかけたけれど実害がなかったことは、メールでさらりとすませます。

②同じミスでも、担当者同士の関係を超えて、他部署、第三者に迷惑がかかったときは、電話でお詫びしたり、場合によっては、訪問してお詫びしたりします。頼んだ仕事を一方的にキャンセルしたときなども、メールだけですませず、電話でお詫びします。

③顧客とのトラブル、取引先に損失が出た場合は、会社としての問題になりますので、上司からの指示を受けて行動します。

21　キレない、言い訳しない書き方

POINT　「私が悪いんじゃない！」と思ってもがまんしよう

キレてはいけない

伝えたつもりが伝わっていないことは、よくあります。そんな行き違いがあっても、キレず、ていねいに説明する姿勢が大切です。

×キレてしまったメール

お世話になっております。
>通路の幅が75センチに変更されていました。
ご希望により個室の面積を広げたため、
通路の幅が狭くなりました。
私も通路幅は90センチ必要だと考えておりますが、
前回の打ち合わせで強いご希望があったために、変更しました。
さらなる変更をご希望の場合は、
図面の引き直しに、また時間がかかりますので、ご承知おきください。

○改善例

早速ご検討いただき、ありがとうございました。

>通路の幅が75センチに変更されていました。
ご説明が不足しておりまして、申し訳ありません。

建物の全体の幅に制約がございますので、
個室の奥行きを広げますと、
どうしても通路が狭くなってしまいます。

ご希望に合わせて、図面を修正いたしますが、
納期が数日遅れますことをお許しください。

→相手に何かしてもらったら、まずお礼を言う。
→お互いのコミュニケーション不足から発生したことについては、まず、こちらの説明不足としてお詫びする。
→次の段階への展望を示し、建設的に話を進める。

言い訳はしない

ミスについて言い訳をする態度は、自分の信頼性を損ねます。

×言い訳メール

> 名簿の中の私の名前がまちがっておりました。

申し訳ありません。
参加申込みをファックスでいただいた方のお名前は、
アルバイトの者に入力させたのですが、
ファックスが読み取りにくく、まちがってしまったようです。

→社内の失敗は自分の失敗。人のせいにするのは無責任。

○改善例

> 名簿の中の私の名前がまちがっておりました。

申し訳ございません。
こちらの入力ミスでした。

たいへん失礼なことになってしまいましたことを
心よりお詫び申し上げます。
今後は、このようなまちがいのないように、
確認作業を徹底するようにいたします。
なんとかご容赦くださいますよう、お願い申し上げます。

→自分の責任として引き受け、お詫びする姿勢が大切。
→名前のまちがいは、実害は少なくても非常に失礼。

22 返事がなかなかこないときの書き方

POINT 「うっかり」はお互いさまと思い、さりげなく催促を

うっかりされているなと思ったら

メールは日々「宿題」を生み出す装置のようなもの。メールをたくさん受け取る人は、案件がたまっていることがあります。「うっかりされているな」と思ったら、さりげなく催促しましょう。

×お世話になっております。
先週、議事録確認のお願いをお送りしましたが、
ご覧になられましたでしょうか。
期日が過ぎておりますので、
至急お戻しくださいますよう、
お願いいたします。

○お世話になっております。
先週の10日に議事録確認のお願いをお送りしましたが、
届いておりますでしょうか。

お忙しいところ、たいへん恐縮ですが、
今週中にご返信いただけましたら助かります。

念のため、議事録を添付いたします。（wordファイル）
なにとぞよろしくお願いいたします。

→こちらのメールをいつ送ったかを明記すること。自宅からの送信など、前回に送ったときと差出人名が違っていたりすると、相手はメールを見つけられないこともあるので注意。

「送信済み」メールの転送でもよい

「送信済み」のフォルダの中にあるメールを開き、「転送」で再送信すると、送信日時などが入っているので、いろいろ説明しなくてもすみます。

ただし、改めてお願い文を書くこと。引用部分だけを送ると、証拠をつきつけて相手を責めているようにも見えるので、注意しましょう。

前田様
お世話になっております。
先日、下記のようなメールをお送りいたしましたが、
届いておりますでしょうか。

お忙しいところ、たいへん申し訳ありませんが、
ご確認いただけましたら幸いです。
なにとぞよろしくお願いいたします。

------ Original Message ------
From: 鈴木陽子 <ysuzuki@sankaku.co.jp>
Sent: Monday, July 23, 20XX 11:40AM
To: 前田 広行 <maeda@shikaku.co.jp>
Subject: 発言要旨作成のお願い

前田様
△△社の鈴木です。
お世話になっております。

8月25日のシンポジウムのための
発言要旨の作成をお願いしたく
ご連絡いたしました。
15日（木）までにお送りいただけましたら
助かります。

23 複数に語りかける書き方

POINT なぜ配信先に入れられているのか納得できる書き方を

複数あてであることを明確にする

メールでは、同報送信、グループ送信機能などを活用して、多数の相手に同じ内容のメールを送ることができます。

このようなメールでは、あて名や冒頭の文章で、複数に送っているメールであることがわかるようにします。

春の祭典プロジェクトチームのみなさまへ

△△社の酒井です。
春の祭典プロジェクトチームのみなさまに、
次回打ち合わせのご連絡をお送りします。

日時　12月15日（水）午後2時〜5時
場所　△△社5階　第一会議室
議題　企画素案について

企画素案をワードファイルで添付しておりますので、
お目通しください。
では、当日よろしくお願いいたします。

リストなどを利用する場合

何かの名簿やリストをメールの送信先として利用する場合には、相手がなぜ自分のアドレスがわかったのかと不審に思わないようにする必要があります。

新作発表会にご来場くださったみなさまへ

△△社開発課の遠藤です。

先日は、当社の新作発表会においでいただき、
誠にありがとうございました。
このメールは、その際、会場アンケートの情報希望欄に
アドレスを記入してくださったみなさまにお送りしております。

来たる5月1日、当社では次なるイベントを
予定しております。…

一般人への情報発信は要注意

取引先などの仕事関係者に業務上の連絡をグループ送信することには、特に制限はありませんが、顧客リストを利用して案内メールを送る場合などは、会社の規約を確認する必要があります。

個人情報が集まる会社や機関では、個人情報保護法によって、メールアドレスなどの個人情報の目的外利用が禁じられているからです。つまり、メールアドレスの利用は、最初に個人情報を登録するときに本人が承諾した範囲の利用目的に限定されるということです。

また、個人がメール配信機能を使って、定期的に情報発信をするケースもふえていますが、そのような場合も、承諾なしに勝手にアドレスを配信先に入れるのはマナー違反と認識しましょう。

個人情報保護法　検索

24 社内メールの書き方

POINT 社内メールはさらに簡潔に、敬語は最小限でよい

あて名、あいさつなしでOK

社内メールのマナーは社風にもよりますが、社外メールよりもさらに簡潔に、ムダを省くことが望ましいでしょう。まずは、自分の職場の習慣に従うべきですが、このようなルールの職場も多いと思います。

- 本文の頭のあて名は省略してよい。ただし、同報メールの場合は、「社員各位」「営業部各位」など、同報の範囲がわかるようにあて名を入れる。
- あいさつ文は不要。どうしても入れたければ、「お疲れさまです」程度にする。
- 敬語は「です」「ます」と、最低限度の尊敬語程度におさえる。

上司へのメール

業務連絡としての社内メールの場合は、上司であっても、敬語をごたごたつける必要はありません。最後に「よろしくお願いします」をつけるかつけないかは社風にもよります。

上司に営業データを提出

△もっとスリムにしたい例

大山課長
松田です。

お世話になっております。
4月期の営業データがまとまりましたので、
添付ファイルでお送りいたします。
よろしくお願いいたします。

→社内業務連絡で「お世話になっております」は不要。
→社内業務連絡であれば、上司に「いたす」「申し上げる」などの謙譲語はなくてもよい。

◯改善例

松田です。
4月期の営業データがまとまりましたので、
添付します。
前年比5%アップで、小型部門が善戦です。

→データの要点をひとこと本文に書いておくと喜ばれる。
→顔を合わせたときに「4月の営業データ、メールしておきました」と口頭でもひとこと言っておくとスムーズ。

上司に確認をお願いする

✕もっとスリムにしたい例

松田です。
お仕事お疲れさまです。
昨日の□□社との打ち合わせの議事録をまとめましたので、
お忙しいところ、申し訳ありませんが、
ご確認いただきたく、お願い申し上げます。

→「お仕事」している者同士で「お仕事お疲れさまです」は、おかしい。「出張お疲れさまです。」「残業お疲れさまです。」はOK。ただし、自分の仕事のために残業している上司なら、後者はおかしい。終わってから「ありがとうございました」とお礼を言おう。

◯改善例

松田です。
昨日の□□社との打ち合わせの議事録を
まとめましたので、確認をお願いします。

社内への同報メール

社内では、担当者同士で同報したり、部や課ごとに一斉メールを配信したりすることがよくあります。同報の場合は、その範囲を明確にするため、あて名を入れます。

○営業部各位
千田です。
本日より、□□社キャンペーン期間に入ります。
宣材の積極的配布、よろしくお願いします。

○社員各位
総務課よりお願いです。

節電対策のため、エアコンの設定温度は、
　業務エリア（下記以外）　28度
　接客エリア（1階全体、2階応接室、会議室）　26度
をめやすとしてください。

ご協力をお願いします。

○販売課各位
渡辺です。

次回販売会議を次のとおり開催します。
6月18日（木）　午前10時～12時　第一会議室
議題：5月期の営業実績について
　　　スマイルキャンペーンの反省

配布資料は15日までに作成し、渡辺までご提出ください。

○担当者各位
お疲れさまです。

□□社の取引先登録を完了しました。
登録番号1234です。

→頻発する社内手続きを共有する連絡などは、毎回同じ定型文で簡潔に送ると認識しやすい。

○企画課各位
山田課長からアイスの差し入れをいただきました。
冷凍庫に入っています。

課長、ありがとうございました！

→社風にもよるが、たまにはこんな連絡にほっとしたい。

社内コミュニケーションは積極的に

社内コミュニケーションを何もかもメールですまそうとすると、お互いの気持ちが見えにくくなり、チームワークが低下します。

大事なデータを送ったら「今、送りました」と声をかけ、上司への報告をメールでしたら口頭でも説明するなど、できる範囲で顔を合わせたコミュニケーションをはさんでいくとよいでしょう。

なお、業務連絡の社内メールは簡潔第一ですが、個人的に上司とメールをやりとりする場合は、敬語を使ったほうがよいでしょう。

column

微妙なメール・プライバシー

Q. 会社は社員のメールをチェックしてもいいの?

結論から言うと、会社がサーバに記録されている社員のメールをのぞき見たとしても、法律にはふれません。

個人あての郵便物などの「信書」(特定の受取人に対し、差出人の意思を表示し、又は事実を通知する文書:郵便法)を他人が勝手に開封すると「信書開封罪」に問われますが、電子メールは、「紙等の有体物に記載された通信文」ではないと考えられています。

また、会社は業務のために社員にメールアドレスを利用させている立場なので、必要な場合は管理者としてメールの内容を調べてもよいと考えられています。普通はそこまでせず、社員との信頼関係を大切にしている会社が多いと思いますが、内容を見られる可能性もあるということは、知っておきましょう。

Q. 上司をBCCに入れてるって、相手は知らなくてもいいの?

本章にも書いたように、社員が業務のために発信する会社アドレスのメールは会社に所属するものなので、社外へのメールを社内に同報することは、マナー違反ではありません。すべての発信メールを上司に同報するルールの会社もあります。

とはいえ、これをBCCですると、相手は、引用された自分のメールを知らないうちにあなたの上司に読まれてしまうことになります。チームで顧客対応にあたる場合などはしかたありませんが、取引先などおつきあいが続く相手の場合、少し後ろめたいのではないでしょうか。CCにして、相手から同報が見えるようにしたほうが気持ちがよいかもしれません。

5章 [そのまま使える文例編]

日常的な
連絡メール

資料を送ります

件名：2月6日販売店会議の資料

□□□
店長　遠藤貴子様

△△社の大山です。
お世話になっております。

冬期販売店会議がいよいよ来週に
迫ってまいりました。　…①

つきましては、先立ちまして、　…②
会議資料をお送りいたします。

お目通しいただき、
ご指摘やご要望などございましたら、
ご教示いただけますと、幸いです。

なお、当日、資料は改めて机上に用意いたしますが、　…③
一部、変更・追加がある場合もございますことを、
ご了承ください。

ご多忙のところ、誠に恐れ入りますが、
なにとぞよろしくお願い申し上げます。

添付ファイル：会議次第.doc
　　　　　　　20XX〇〇販売データ.xls

押さえどころ

① 会議の予定をリマインドする書き方。

② 「先立ちまして」とは、「その前に」「あらかじめ」「～にあたって」などの意味。

③ 資料が大量で、相手がプリントアウトするのが負担になると考えられる場合は、時間があれば、郵送する。

［郵送でも送る場合の書き方］

- 資料は郵送でもお送りいたします。

［郵送した場合、同封する手紙の書く添え例］

- 資料は当日、会場にお持ちください。
- 資料は会場でも用意いたしますので、お持ちいただく必要はございません。

提案書を送ります

件名：第一期調査の調査項目ご提案

○○株式会社
関山　一郎　様

△△社の山田です。
お世話になっております。

第一期調査の調査項目についての提案書を
作成いたしましたので、お送りします。　…①

5月20日の会議でのご意見をふまえ、
首都圏についての詳細調査も加える形で
企画しております。　…②

ご検討のほど、よろしくお願いいたします。
（添付ファイル：第一期調査項目案.doc）

△△株式会社　企画部　山田綾子 <ayamada@sankaku.co.jp>
〒000-0000　東京都千代田区0-0-0
電話00-0000-0000　FAX00-0000-0000

押さえどころ

① 「〜しましたので、お送り（いた）します」は常套句。

② 添付書類内容について、特別に説明したい点、アピールしたい点があれば、メール本文のほうに書く。

資料を受け取りました

件名：RE:○○システム稼働実績のデータ

佐藤様　…①

△△社の林です。

さっそくデータをお送りいただき、　…②
ありがとうございました。

この稼働実績を参考にして、
改善策の検討を進めたいと思います。

お忙しいところ、お手間をおかけしました。
今後とも、よろしくお願いいたします。

林　浩之　hayashi@sankaku.co.jp
△△株式会社 〒000-0000　東京都千代田区0-0-0
電話00-0000-0000　FAX00-0000-0000

押さえどころ

① 日常的なやりとりが始まったら、あて名はシンプルにしてもかまわない。

② こんな表現も。

- ～○○の資料をお送りいただき、ありがとうございました。
- ～を拝受いたしました。ありがとうございました。

返事、少しお待ちください

件名：RE: ○○誌原稿のご確認について

○○誌
川田　良子　様

△△社総務課の林です。

原稿をお送りくださり、
ありがとうございました。

> 内容のご確認をお願いいたします。
幅広く取材していただきましたので、
それぞれの部署の者の確認が必要になっております。　…①

申し訳ありませんが、
今週末までお時間をいただけますでしょうか。

なにとぞよろしくお願いいたします。

△△株式会社総務課　林　浩之　hayashi@sankaku.co.jp
〒000-0000　東京都千代田区0-0-0
電話00-0000-0000　FAX00-0000-0000

押さえどころ

① ケースによっては、こんな表現も。

- 社内で検討いたしますので、しばらくお待ちください。
- データ等も確認のうえお返事申し上げたいと思いますので、1週間ほどお時間をいただければ幸いです。

郵便で送りました

件名：弊社20XXレポートをお送りしました

○○株式会社
石井　澄子　様

△△社の中村です。
お世話になっております。

先日お問い合わせいただいた弊社の20XXレポートですが、
100ページ以上の大部なものでしたので、
本日、郵便にて発送いたしました。　…①

お役に立ちましたら幸いです。　…②
よろしくお願いいたします。

中村順也　jnakamura@sankaku.co.jp
△△株式会社 〒000-0000　東京都千代田区0-0-0
電話00-0000-0000　FAX00-0000-0000

押さえどころ

① 添付ファイルで送ると手間も経費も時間も節約できるが、ページ数が多い場合は郵送したほうが相手は助かる。ただし、急ぐ場合、相手が電子データとして利用する場合は、臨機応変に。

② こんな表現も。

- ご参考になりましたら、幸甚に存じます。
- ご高覧ください。

議事録を送ります

件名：7/5打ち合わせの議事録

□□社
河村様

△△社の平田です。

先日は、ありがとうございました。
その折の議事録が出来上がりましたので、
添付ファイルにてお送りいたします。

お確かめいただき、
修正が必要な箇所などありましたら、
ご連絡ください。 …①

よろしくお願いいたします。

平田健太郎　khirata@sankaku.co.jp
株式会社△△ 〒000-0000　東京都千代田区0-0-0
電話00-0000-0000　FAX00-0000-0000

押さえどころ

① 確認のお願いの表現

- お目通しいただき、何かございましたら、ご連絡ください。
- ご確認いただき、修正がございましたら、
今月末までにお知らせください。

文例編／日常的な連絡メール-7

約束をリマインドします

件名：明日お伺いします（△△社・佐藤）

□□社
木村様

△△社の佐藤です。
お世話になっております。

明日、10時に企画案のご説明に
お伺いいたします。 …①②

お忙しいところ、申し訳ありませんが、
なにとぞよろしくお願いいたします。

佐藤孝夫　tsatou@sankaku.co.jp
株式会社△△ 〒000-0000　東京都千代田区0-0-0
電話00-0000-0000　FAX00-0000-0000

押さえどころ

① 訪問ではない場合は、場所もリマインドする。

- 明日、JR飯田橋駅西口改札にて、10時にお待ちしております。
- 明日、弊社にて10時にお待ちしております。
  1階受付にて、企画課・佐藤をお呼びください。

② 複数で訪問する場合は、人数を書き添える。

- 課長の沢村と私の2名で参ります。

打ち合わせのご案内です

件名：キャンペーン打ち合わせのお願い（6/10）

□□社
木村様

△△社の佐藤です。
お世話になっております。

かねてより日程調整をお願いしておりました
冬期キャンペーン計画の打ち合わせの日程等が
決定いたしましたので、お知らせいたします。 …①

■日時　6月10日（火）　午前10時～12時
■場所　弊社本町ビル3階　第一会議室 …②③
■議題　冬期キャンペーン計画について
■ご出席予定
　□□社　沢村様　木村様
　○○社　川田様
　弊社　　池田　横山　千田　佐藤 …④

なお、当日、よろしければ、
終了後、昼食をご一緒にと考えておりますが、
ご都合はいかがでしょうか。 …⑤

ご多忙の折、大変恐縮ではございますが、
なにとぞよろしくお願いいたします。

佐藤孝夫　tsatou@sankaku.co.jp
株式会社△△ 〒000-0000　東京都千代田区0-0-0
電話00-0000-0000　FAX00-0000-0000

押さえどころ

① 社外の人を集めて打ち合わせや会議を開く場合のていねいな書き方。社内の会議の場合は、次のように簡単に書く。

- 次回販売会議の日程等が決定しましたので、
  お知らせいたします。

② このような場合は、「当社」よりは「弊社」を使う。「弊社」は自分の会社を謙遜していう表現。一方、「当社」は「わが社」と同じで、謙遜の意味はない。顧客に対しては、謙遜して「弊社」を使う場合もあるが、商品の宣伝などでは「当社」を使う場合が多い。

③ 場所の案内が必要な場合は、P102参照。

④ 複数の会社から参加する場合などは、このように出席予定者を記しておくと、参加するほうも心づもりができる。

⑤ 食事に誘う場合は、ほかにこんな表現も。

- 終了後、お食事をご一緒させていただければと
  考えておりますが、ご都合はいかがでしょうか。

- 近くに有名なフレンチのお店がございますので、
  終了後、ご案内したいと考えておりますが、
  ご都合はいかがでしょうか。

お問い合わせにお答えします

件名：RE: サッカー観戦について

沢田一郎様

□□旅行社の村田と申します。

このたびは、当社ツアーについてお問い合わせをいただき、
ありがとうございました。 …①

ミラノでのサッカー観戦につきまして、
ご案内申し上げます。 …②

お問い合わせのフリープランをご利用の場合、併せて
観戦チケット手配サービスをご利用いただきますと、
ミラノでのサッカー観戦が可能です。

詳しくは当社ホームページでご覧ください。
http://www.shikaku.co.jp/soccer-tickets/milano/

フリープランの詳細はこちらでご案内しております。
http://www.shikaku.co.jp/milano-free/

ご不明な点がございましたら、
いつでもお気軽にお問い合わせください。 …③

当社ツアーのご利用を心よりお待ちしております。

村田かおり　kmurata@shikaku.co.jp
□□旅行会社 〒000-0000　東京都千代田区0-0-0
電話00-0000-0000　FAX00-0000-0000

押さえどころ

1. 一般顧客からの問い合わせに対しては、商品やサービスを利用していただく立場からのお礼やあいさつを入れる。ケースによっては、こんな表現も。

    - 当社製品をご愛用いただき、誠にありがとうございます。
    - ○○をご利用（購入）いただきありがとうございます。

2. メールの用件を最初に明確にする書き方。問い合わせへの返信の場合は、相手の聞きたいことを、的確にとらえていることが大切。

3. 気軽に聞けるのが個別対応メールのメリット。

担当部署への転送（社内）

件名：FW:［お客様相談窓口00258］

カスタマーサポートセンターの遠藤です。　…①

お客様相談窓口に、下記のご相談がきております。
法人のお客様ですので、営業部に転送いたします。

対応よろしくお願いいたします。　…②

遠藤美佳　endou@sankaku.co.jp
株式会社△△〒000-0000　東京都千代田区0-0-0
電話00-0000-0000　FAX00-0000-0000

----- Original Message -----
From: system-cs<system-cs@sankaku.co.jp>
Sent: Friday, August 03, 20XX 12:25 PM
To: endou@sankaku.co.jp
Subject: ［お客様相談窓口00258］
（以下略）

押さえどころ

① 社内メールでは、あいさつなどは不要。端的に用件を書く。

② このような転送の場合、お互いの業務分担として当然のものであれば、事務的な書き方で十分。

6章 ［そのまま使える文例編］

アポイント・お願い・問合せのメール

アポイントをお願いします

件名：システム不調の件（△△社）

□□社総務課
大木様

△△社の泉沢です。
日頃より格別のお引き立てをいただき、
誠にありがとうございます。 …①

昨日、お電話でご相談いただきました
システムの不調の件につきまして、
一度、技術者を連れておうかがいし、
詳しくお話をうかがいたいと思っております。 …②

来週6日（火）から19日（月）までの間で、
お時間をいただける日はありますでしょうか。

お手数ですが、2〜3の候補日・時間帯を
挙げていただきますと助かります。 …③

問題が発生している業務のご担当の方のご同席も
いただけましたら、たいへん幸いに存じます。

お忙しいところ、恐縮ではございますが、
なにとぞよろしくお願いいたします。

株式会社△△　システム開発部営業課
泉沢健太　kizumisawa@sankaku.co.jp
〒000-0000　東京都千代田区0-0-0
電話00-0000-0000　FAX00-0000-0000

押さえどころ

① ビジネス文書的なあいさつだが、クライアントへのあいさつをていねいに書きたい場合に適している。しっくりこないときは、「いつもお世話になっております」でも問題はない。

② 飛び込みの依頼の場合は、

- 急なお願いでたいへん失礼ですが、
  下記の取材にご協力いただけないかと思い、
  ご連絡を差し上げました。
  つきましては…

③ 相手の都合を聞いてから、こちらの都合がつかなければ、再度、別の日を挙げてもらってもよいが、何度も変更をお願いするのは失礼になる。こちらの都合のよい日が限定的な場合は、次のような書き方で相手に選んでもらうとよい。

- 6日（火）、7日（水）、13日（火）、15日（木）あたりで、
  ご都合のよい日はございますでしょうか。

- 今月末までの間で、お時間をいただけませんでしょうか。
  なお、たいへん勝手ながら、24日（木）〜25日（金）は
  出張が入っておりますので、その他の日でお願いできれば、
  幸いです。

アポイントの詰め方

件名：RE: システム不調の件（△△社）

△△社　システム開発部営業課
泉沢様

□□社の大木です。
メールをありがとうございました。　…①

>来週6日（火）から19日（月）までの間で、
>お時間をいただける日はありますでしょうか。

担当部署の者とスケジュールを調整したところ、
6日（火）か13日（火）の午前中であれば、
同席できるとのことです。

このいずれかの日においでいただくことは
可能でしょうか。　…②

なにとぞよろしくお願いいたします。

株式会社□□　総務課　大木祐介　yoki@shikaku.co.jp
〒000-0000　東京都中央区0-0-0
電話00-0000-0000　FAX00-0000-0000

押さえどころ

① 返信では必ず、メールへのお礼を書く。

② この場合、次に相手からどちらの日がよいかの連絡があり、それを受けて□□社が了解の返事をして、アポイントが確定する。

待ち合わせをお願いします

件名：2/12打ち合わせについて

桜井様

△△社の片山です。
お世話になっております。

このたびは、お忙しい中、
調整をしていただき、ありがとうございます。

> 午後2時に新宿駅近辺ならば、お会いできます。

それでは、新宿駅中央東口からすぐの「かふぇ」では
いかがでしょうか。

「かふぇ」新宿区新宿三丁目0-0
TEL 00-0000-0000
http://www.navinavi/cafeshinjuku/

ここで、2月12日（火）午後2時にお待ちしたいと思います。
よろしければ、ひとことご返信ください。

念のため、私の携帯の番号をお知らせしておきます。
000-0000-0000

よろしくお願い申し上げます。

片山洋子　ykatayama@sankaku.co.jp
株式会社△△ 〒000-0000　東京都千代田区0-0-0
電話00-0000-0000　FAX00-0000-0000

会議の日程調整をお願いします

件名：CDS第1回委員会の日程調整について

委員各位　…①

CDS委員会の事務局を務めます△△社の新井と申します。
このたびは、CDS委員会委員をお引き受けくださり、
誠にありがとうございます。

さっそくですが、第1回委員会について、
皆様のご都合をお伺いしたく、
ご連絡を差し上げております。　…②

ご多忙のところ、たいへん恐縮ですが、
添付の日程調整表（エクセルファイル）に、
ご都合をご記入いただき、私までご返信ください。　…③

全員の皆様のご都合のよい日に決定できればと
考えております。

誠に勝手ではございますが、今週末の23日（金）までに　…④
ご返信いただければ幸いです。

お手数をおかけいたしますが、
なにとぞよろしくお願いいたします。

株式会社△△　システム開発部営業課
新井美樹　marai@sankaku.co.jp
〒000-0000　東京都千代田区0-0-0
電話00-0000-0000　FAX00-0000-0000

押さえどころ

① 「委員各位」は「委員の皆様」という意味。

② 同報送信で、受信者が相互に面識がない場合は、BCCを使うなどして、相互のメールアドレスが見えないように送る。あて先を「各位」としたり、このような一文を書くことで、全員に送られているメールであることがわかる。

③ エクセル表でカレンダーをつくり、都合のよい日時もしくは悪い日時にマークしてもらうようにすると、長い期間について都合を聞くことができる。候補日が少ない場合は、添付ファイルにしないで、メール本文で次のように示してもよい。

- 次のうち、ご都合のよい日時に○をつけてご返信ください。
  4月15日（月）午前
  4月16日（火）午前
  4月16日（火）午後
  4月18日（木）午前
  4月19日（金）午前

④ 手間のかかる返信をお願いするものは、期限も書き添えること。

アポの変更をお願いします

件名：1/12打ち合わせ延期のお願い

□□社
大宮様

△△社の山田です。
お世話になっております。

たいへん勝手ながら、
年明け1月12日にご予定いただいております
打ち合わせにつきまして、
延期をお願いしたく、ご連絡いたしました。　…①

弊社内部のスケジュールの関係で
重要な検討材料がそろわないことがわかりました。　…②

今一度、1月17日（月）以降で、
日程の調整をお願いすることは可能でしょうか。

ご迷惑をおかけし、たいへん申し訳ありません。　…③

なにとぞよろしくお願いいたします。

株式会社△△　事業部1課　山田勇人
yyamada@sankaku.co.jp
〒000-0000　東京都千代田区0-0-0
電話00-0000-0000　FAX00-0000-0000

押さえどころ

①このような場合は、言い訳から始めないで、用件の核心から書く。なお、内容にもよるが、1週間以内の直前キャンセルは、通常とても迷惑なので、できるだけ電話で連絡して、お詫びを伝えたほうがよい。

逆に、少し軽いケースや気軽な相手である場合は、こんな書き方でもよい。

- 昨日お約束させていただいた3月5日の件ですが、
  翌6日に変更していただくことは可能でしょうか。

②理由については、言い訳がましくならないように、さらりと伝える。理由が自分の仕事の遅れや他の取引先との約束などのときは、正直に書くと失礼になることもある。

×ほかの用事が入ってしまいました。
×私の仕事がたいへん多忙になってしまいました。
○この日はどうしても都合がつかなくなってしまいました。

③もっと深刻に詫びなければならない場合の書き方。

- ご多忙な折、たいへんご迷惑をおかけし、
  申し訳ございません。

- ご無理をしていただきましたのに、
  たいへん申し訳ございません。
  心よりお詫び申し上げます。

面識のない人に講演依頼

件名：新人研修講師のお願い

藤村香代子　先生

突然のメールにて失礼をいたします。
私は、株式会社△△人事部の斉藤真由と申します。
□□研修センターの杉井様からご連絡先をお聞きし、
メールを差し上げております。　…①

弊社では、4月10日（月）より1週間の予定で、
新人研修を実施することになっており、
その中で、先生に基本マナーのご講義を
お願いできないかと、考えております。

4月10日（月）から14日（金）の間で、
おいでいただける日はございますでしょうか。　…②

会場は、○○駅から徒歩5分の弊社の本社ビル
会議室を予定しております。

先生のご著書を拝見しまして、
心を通わせるマナーのあり方について、
ぜひ新入社員に学ばせたいと考えております。　…③

お受けいただけましたら、たいへん幸甚に存じます。
なにとぞよろしくお願いいたします。
\---------
株式会社△△人事部　斉藤真由　saito@sankaku.co.jp
〒000-0000　東京都千代田区0-0-0
電話00-0000-0000　FAX00-0000-0000

押さえどころ

① 面識のない人に初めてメールを出す場合は、メールアドレスをなぜ知っているのかを説明する。このように本業の仕事を依頼するようなケースは、紹介者の仲介なしでメールを出しても問題はないが、その人の本業とは関係のない用件の場合は、まず紹介者にお願いして、メールドレスを知らせてもよいかどうか、本人に確認してもらったほうがよい（P151ページ参照）。個人に電話をする場合も同様。

② お願いしたい日が決まっており、その日が無理ならお願いできないという場合は、そのことを明確にしておく。

- 4月10日に先生のご講演をお願いしたいのですが、
  ご都合はいかがでしょうか。
  諸事情で日程が先に決定しており、恐縮です。

③ なぜお願いしたいか、うまく書ける場合は書いたほうがよいが、書けない場合は、無理をしなくてもよい。下手なお世辞を書くよりは、次のようにあっさり書くのもよい。

- 先生のご著書も拝見いたしました。
  ぜひお願いしたく存じております。
  なにとぞよろしくお願いいたします。

書類提出をお願いします

件名：口座登録書類のお願い

□□コンサルティング
早川美恵様
　cc:総務課・堀田　…①

△△社営業課の小山です。
お世話になっております。

このたびは、弊社サービスアドバイザーを
お引き受けいただき、誠にありがとうございます。

早速ですが、ご謝礼のお支払いのために、
口座登録の手続きが必要となっております。

ご面倒ですが、添付の様式にご記入いただき、
ご返信くださいますよう、お願い申し上げます。

今月中にご返信いただけましたら助かります。
なにとぞよろしくお願いいたします。
（添付ファイル：口座登録票.doc）

株式会社△△営業課　小山　伸　koyama@sankaku.co.jp
〒000-0000　東京都千代田区0-0-0
電話00-0000-0000　FAX00-0000-0000

押さえどころ

① 担当部署に同報する場合は、あて名に「CC:」で書き添える。

見積もりの依頼状を送ります

件名：レポート製作費見積もりのお願い

□□社
中野亜矢子様

△△社の三橋です。お世話になっております。

先日、お電話でご相談いたしましたが、
改めて「調査レポート20XX」の製作費の見積もりを
お願いしたく、依頼状をお送りします。 …①

冊子の体裁等については、先日ご相談した内容と
変更はありませんが、ページ数が倍になっております。
予算を超えるようであれば、ページ数を抑制することも
必要かと考えております。 …②

なにとぞよろしくお願いいたします。
（添付ファイル：20XXレポ見積もり依頼.doc）

株式会社△△調査部　三橋千春　mitsuhasi@sankaku.co.jp
〒000-0000　東京都千代田区0-0-0
電話00-0000-0000　FAX00-0000-0000

押さえどころ

① 電話で打診、概要を説明した上で、正式に見積もり依頼という流れのときの書き方。見積もりに必要な条件は、添付ファイルの依頼状に端的にまとめる。

② 依頼状に入れにくい補足はメール本文に書く。

原稿をお願いします

件名：月刊「すこやか」原稿のお願い

高橋真一先生

△△社広報部の石川です。

さきほどは突然お電話をいたしまして、失礼をしました。
原稿ご執筆のお願いをご快諾くださいまして、
誠にありがとうございました。

お願いしたい内容は下記のとおりでございます。 …①

■掲載誌　　弊社PR誌「すこやか」7月号
■テーマ　　夏バテしない体づくり
■原稿字数　1200字程度
■締め切り　4月28日（水）
■ご謝礼　　15000円（源泉込み）
　＊文字数に関しましては、多少前後しても結構です。
　＊Wordファイルでいただけましたら、助かります。

お忙しいところ恐縮ですが、
なにとぞよろしくお願いいたします。

株式会社△△広報部　石川純也　jishikawa@sankaku.co.jp
〒000-0000　東京都千代田区0-0-0
電話00-0000-0000　FAX00-0000-0000

押さえどころ

① 要領を箇条書きにまとめる。掲載誌の趣旨や内容についての希望などは、必要に応じて補足する。

アドレスを教えてもよいですか

件名：毎朝新聞からの取材依頼

海山先生

△△社の小林です。
いつもお世話になっております。

本日、毎朝新聞社政治部記者の太田氏より、
先生にご著書『日本のゆくえ』に関して
取材をお願いしたいという連絡がありました。 …①

先生のお電話番号もしくはメールアドレスを
先方に伝えてもよろしいでしょうか。 …②

お忙しいところ恐縮ですが、お返事をお待ちしております。
よろしくお願いいたします。

小林　優子　　kobayashi@sankaku.co.jp
△△株式会社　編集部 〒000-0000　東京都千代田区0-0-0
電話00-0000-0000　FAX00-0000-0000

押さえどころ

① このような場合は、先方のメールを引用してもよい。

② 他人のメールアドレス等の連絡先を第三者に伝える場合は、本人の承諾をとるのが原則。ただし、営業用のメールアドレスで、明らかに問題がない場合は無断で伝えてもよい場合もある。判断に迷う場合は、やはり本人に確認をとり、今後、同様の照会があった場合はどうするかも聞いておくとよい。

確認をお願いします（社外）

件名：20XXフェアパンフの校正です

□□社
橋本様

△△社の平田です。
お世話になっております。

20XXフェアのパンフレットの校正が出ました。
PDFファイルで添付いたしますので、
内容のご確認をお願いします。

修正等ございましたら、
お手数ですが、メールもしくはファックスで
ご返信ください。　…①

申し訳ありませんが、ご連絡は今週末までに
お願いできますと助かります。
なにとぞよろしくお願いいたします。

平田健太郎　khirata@sankaku.co.jp
株式会社△△〒000-0000　東京都千代田区0-0-0
電話00-0000-0000　FAX00-0000-0000

押さえどころ

① 文章では伝えにくい修正がある場合は、先方で出力して手書きで記入して、ファックスするかキャプチャファイルの添付等で送ってもらうことになる。大判のものは出力に手間がかかることがあるので、時間があれば、こちらで出力して郵送する（P100参照）。

確認をお願いします（社内）

件名：20XXフェアパンフの校正です

平田です。

20XXフェアのパンフレットの校正が出ましたので、
確認をお願いします。 …①

現在、□□社の橋本様にもご確認いただいています。 …②
今週末までにとりまとめ予定ですので、
よろしくお願いします。

（添付ファイル：20XXfair.pdf）

平田健太郎　khirata@sankaku.co.jp
株式会社△△ 〒000-0000　東京都千代田区0-0-0
電話00-0000-0000　FAX00-0000-0000

押さえどころ

① 社内メールの場合は、相手が上司や先輩であっても、この程度の簡略な書き方でよい。

② 社内メールの中でも、社外の人のことを書くときは、ふさわしい敬語をつかう。

○○について教えてください

件名：10/7スタッフルームへの入場許可について

□□社
川上様

△△社の工藤です。
お世話になっております。

10月7日のイベント当日のことについて、
ご教示いただきたいことがあり、ご連絡いたします。　…①②

>各社担当者は全員、スタッフルームに集合します。

了解しました。　…③
確認したところ、一般客立ち入り禁止エリアですので、
許可証等の携帯が必要ではないかと思われます。

この点に関し、2点、ご教示ください。　…④

1.立ち入り禁止区域に入るための許可証等の発行は、
どちらにお願いすればよいでしょうか。

2.現在、弊社担当者は3名ですが、増員の可能性が
ありますので、2名分余分に発行していただくことは
可能でしょうか。

お手数ですが、
なにとぞよろしくお願いいたします。

工藤雅也 mkudou@sankaku.co.jp
株式会社△△ 〒000-0000　東京都千代田区0-0-0
電話00-0000-0000　FAX00-0000-0000

押さえどころ

① 長くなる用件は、冒頭で用件の主旨について書くと、読みやすくなる。

② 「教示」とは、手段や方法などを教え示すこと。具体的に教えてもらいたいことがあるときに、よくつかう言葉。

③ 前のメールで、相手から指示を受けているときは、まず了解した旨の返事を書くと、印象がよい。

④ このように箇条書きにすることで、聞きたいポイントがはっきりし、相手ももらさず答えることができる。

仕事の進捗状況はいかがですか

件名：大山店改装工事の進行について

□□社
松山様

お世話になっております。
△△社の佐々木です。

大山店の改装工事について、
進行状況をお尋ねしたくご連絡いたしました。

先週、天候が不良でしたので、心配しておりましたが、
進行状況はいかがでしょうか。 …①

来週には、機材の搬入がありますので、
現在の状況をお知らせください。

なにとぞよろしくお願いいたします。

佐々木　良太　rsasaki@sankaku.co.jp
株式会社△△ 〒000-0000　東京都千代田区0-0-0
電話00-0000-0000　FAX00-0000-0000

押さえどころ

① 遅れそうな仕事に対しては、やんわりと進行状況を聞くことで、注意を促すことができる。原稿等の場合は、

- 今月中に、第5章まで進めていただく予定となっておりますが、原稿の進行状況はいかがでしょうか。

7章 [そのまま使える文例編]

困った、言いにくいことのメール

期日が過ぎましたが

件名：RE: 飲料嗜好調査計画について

□□社
柴田様

お世話になっております。
△△社の川島です。

標記の調査計画について、
そろそろ素案をいただく予定に
なっていたかと思います。 …①

案をいただきましたら、検討させていただき、
今月末の会議にかけたいと考えております。
なにとぞよろしくお願いいたします。

川島聖子　kawashima@sankaku.co.jp
株式会社△△開発部 〒000-0000　東京都千代田区0-0-0
電話00-0000-0000　FAX00-0000-0000

押さえどころ

① 余裕があるときのソフトな催促の書き方。すでに期日を延期しているような場合はもっと強く書く。

- 先週末までにお送りいただけるということでしたが、
その後、いかがでしょうか。
次の会議にはどうしても間に合わせる必要がありますので、
最悪で明後日までにはいただきたいと思っております。

お返事がまだのようですが

件名：【再送信】契約書文面確認のお願い

□□社
柴田様

お世話になっております。
△△社の川島です。

標記のお願いを5月26日に送信いたしましたが、
届いておりますでしょうか。　…①

念のため再送信いたしますので、
至急ご確認いただきたくお願いいたします。

お忙しいところ、申し訳ありませんが、
なにとぞよろしくお願いいたします。

＜以下、前回送信メールの文面＞　…②

押さえどころ

① 明らかに相手は受け取っているはずと思っても、このように書いたほうがソフト。

② 前回送信メールの「転送」でメールを作成することで、ヘッダーに発信日などが明示されるので、こちらがまちがいなく送っていることの証拠となる。添付ファイルも転送される（P115参照）。

添付ファイルの中身が違っています

件名：RE:20XX感謝祭企画案

□□社
菅原健二様

△△社の中村です。
メールをお送りいただき、ありがとうございました。

添付ファイルを確認したところ、
内容が標記のものとは異なっておりました。　…①

お手数ですが、再送信くださいますよう、お願いいたします。

なお、お送りいただきました添付ファイルは、
こちらで削除させていただきました。　…②

なにとぞよろしくお願いいたします。

株式会社△△ 開発部 〒000-0000　東京都千代田区0-0-0
中村恭子　nakamura@sankaku.co.jp
電話00-0000-0000　FAX00-0000-0000

押さえどころ

① 誤って添付されていたファイルの内容は、送った側でもわかるので細かく書かなくてよい。むしろ、誤って送られたファイルの中身は見ないのが礼儀なので、ふれないほうがベター。

② 誤って送ったファイルが相手の手元に残るのは困るはずなので、こちらで削除したことを知らせる。

添付をお忘れですよ

件名：RE: 議事録の確認お願いします

△△社の中村です。
お世話になっております。

添付ファイルがついていないようです。　…①②
再送信をお願いいたします。

株式会社△△ 営業部 〒000-0000　東京都千代田区0-0-0
中村恭子　nakamura@sankaku.co.jp
電話00-0000-0000　FAX00-0000-0000

押さえどころ

① 単純なミスなので、さらりと簡潔に知らせたほうがよい。ただし、「ついていません」ではなく、「ついていないようです」としたほうがソフト。

② 送信先まちがいのような場合も、さらりと返したほうが、嫌みがなくてよい。

- さきほどお送りいただきましたメール、
送信先まちがいのようです。
こちらでは削除いたしましたが、
念のため、お知らせいたします。

名前の漢字がまちがっていました

件名：RE: 担当者顔合わせについて

□□社
佐藤様

△△社の伊東です。
お世話になっております。

>それでは、8日（水）午後2時に
>お待ちしております。
よろしくお願いいたします。

＊私の名前ですが、「とう」は「藤」ではなく、
「東」を書きます。
恐れ入りますが、書類等にお書きいただくときは、
こちらでお願いいたします。 …①

株式会社△△ 〒000-0000　東京都千代田区0-0-0
伊東弘美　hitou@sankaku.co.jp
電話00-0000-0000　FAX00-0000-0000

押さえどころ

① 名前の書きまちがいは、いつかは気がつくことなので指摘しないで待つか、指摘するとしても、顔を合わせたときにさりげなく告げるくらいが望ましい。ただし、これから相手が自分の名前を書類に記すかもしれないのにまちがいに気がついていない場合などは、このように、本題のついでに簡単に書いて知らせる。

メルアドが公開されています

件名：RE:○○資料をお送りします

遠藤様

△△社の栗原邦子です。

○○資料をお送りいただき、ありがとうございます。
データ満載で、たいへん参考になっております。

ところで、今回の同報は、受信者のアドレスが
すべて見える形になっておりました。
お互いに面識のない方も含まれているようですので、
気になりました。　…①

念のため、お知らせしておきます。　…②

株式会社△△ 〒000-0000　東京都千代田区0-0-0
栗原邦子　kurihara@sankaku.co.jp
電話00-0000-0000　FAX00-0000-0000

押さえどころ

① P38参照。このような指摘は、目下や同輩にはしてあげたほうが親切だが、社外の目上の人にすると、関係がこわれる危険がある。仕事に何か重大なリスクがある場合以外、受忍するしかない。

② 「うっかりミス」と受け止めて、やんわり指摘する書き方。モラルの問題として責めると、角が立つ。

配信リストからはずしてください

件名：RE:○○業界ニュース5月号

□□社
遠藤様

△△社の栗原邦子です。

いつも○○業界ニュースをご配信いただき、
ありがとうございます。

ずっと参考にさせていただいておりましたが、 …①
このところ、業務で扱うメールの量が急増し、
せっかくお送りいただいたニュースに
目を通せなくなっております。 …②

そこで、しばらくの間、私への配信を停止して
いただきたく、ご連絡いたしました。

また、時間ができましたら、ご連絡いたします。
これまで、本当にありがとうございました。 …③

株式会社△△ 営業部 〒000-0000　東京都千代田区0-0-0
栗原邦子　kurihara@sankaku.co.jp
電話00-0000-0000　FAX00-0000-0000

押さえどころ

① 仕事メールは結論先行がわかりやすいが、こういった内容は、結論から書くときつい感じになるので、このように経緯や感謝などから始めるとよい。

② 「役立っていたけれども、やむなく」という書き方にする。

③ 相手との関係をこわさない書き方。メール以外の場面での関係があるときは、そちらに話をふっておくとよい。

- また、業界交流会などでお目にかかれるかと存じます。
今後ともよろしくお願い申し上げます。

［注意］
この文例は、知り合いから配信されてくるニュースメールやメーリングリストについて示したものです。
身に覚えのない業者などからくる迷惑メールには、絶対に返信してはいけません。「配信停止を希望する場合はこちらで登録を解除してください」とURLを紹介している場合も、手続をすると、有効なメールアドレスと認識され、さらに迷惑メールがくることもあります。

打ち合わせた内容と違うのでは？

件名：RE:研究レポートの目次について

□□社
大宮様

△△社の森です。
さっそくのご返信ありがとうございました。
2点、確認したい点があります。 …①

(1)会長あいさつについて
>会長のあいさつ　2ページ
9月2日にいただいたメールでは、 …②
>今年、会長あいさつはなしでよいと、
>会長から連絡がありました。
とのことでしたが、その後変更がありましたでしょうか。 …③

(2)巻末統計データについて
>巻末の統計データは割愛しても
>良いのではないでしょうか。
9月15日の委員会の議事録によれば、
「統計データがないのは、研究レポートとして
不完全である」というご意見が多数だったようです。
議事録は、9月20日の私のメールに添付しました。 …④

お忙しいところ恐縮ですが、ご確認ご検討のほど、
よろしくお願いいたします。

株式会社△△　調査部　森 美香　mori@sankaku.co.jp
〒000-0000　東京都千代田区0-0-0
電話00-0000-0000　FAX00-0000-0000

押さえどころ

① いくつもの論点があるときは、最初にこのように書き、箇条書きにするとわかりやすい。

② 引用する場合、引き合いに出す場合は、いつのメール・会議であったか、明確にする。

③ 相手の勘違いではないかと思っていても、断定的に書いてはいけない。常に、「自分が知らないことがあるのかもしれない」というスタンスで書く。

④ 相手が確認のために探すことが予測される場合は、探しやすいように情報を加える。

請求内容に疑問があります

件名：調査費のご請求について

□□リサーチ
下山様

△△社の杉原です。お世話になっております。

請求書をお送りいただき、ありがとうございました。
一点ご確認いただきたい点があり、ご連絡しております。

調査費のご請求が、30万円となっておりましたが、
これは昨年度の額と思われます。

たいへん申し訳ないのですが、 …①
本年は、調査区域の縮小により、25万円とさせていただく旨、
ご了解をいただいておりました。

本年5月10日の「調査費について」という件名の
メールをご確認ください。

なにとぞよろしくお願い申し上げます。

\-\-\-\-\-\-\-\-\-
株式会社△△ 〒000-0000　東京都千代田区0-0-0
営業課　杉原みどり　sugihara@sankaku.co.jp
電話00-0000-0000　FAX00-0000-0000

押さえどころ

① 相手がまちがっているであろうことをとがめず、確認を促すように。「申し訳ありませんが」などの言葉を入れてやわらかく指摘する。

講演料はいかほど

件名：6/5フォーラムご講演について

藤村一郎先生

△△社の鈴木です。
6.5フォーラムでのご講演のお願いにご快諾をいただき、
誠にありがとうございました。

本日は、ぶしつけながら、
ご講演料についておうかがいしたく、
ご連絡を差し上げました。

所定の額などございましたら、お聞かせください。 …①

お返事をお待ちしております。
なにとぞよろしくお願い申し上げます。

株式会社△△ 〒000-0000　東京都千代田区0-0-0
事業部　鈴木信吾　suzuki@sankaku.co.jp
電話00-0000-0000　FAX00-0000-0000

押さえどころ

① あらかじめ予算がある場合は、次のように書く。

- たいへん些少にて失礼ではございますが、
予算の関係から、
ご講演料を15万円にてお願いできましたら、
たいへんありがたく存じます。

ご依頼に応じられません

件名：試供品のご提供の件

□□社
本田壮介様

△△社の清水です。
先日は、弊社までご足労いただき、
ありがとうございました。 …①

その後、社内で検討いたしましたが、
残念ながら、フェアへの試供品のご提供については
辞退させていただくことになりました。 …②

貴社製品の信頼性は確かなものと考えておりますが、
化粧品の配布そのものがフェアの趣旨にそぐわない
という結論となったためです。 …③

せっかくのご厚意にお応えすることができず、
たいへん申し訳ありません。 …④

またの機会がありましたら、
どうかよろしくお願いいたします。

株式会社△△ 〒000-0000　東京都千代田区0-0-0
営業部営業課　清水亮子　rshimizu@sankaku.co.jp
電話00-0000-0000　FAX00-0000-0000

押さえどころ

① 訪問を受けたあとである場合は、そのお礼を言う。

② 結論先行の書き方。会社としての意思決定などは、このような書き方が適している。ほかにも、ケースにより次のような書き方ある。

- ご提案については、安全面の諸事情により、
お受けできないという結論になりました。

- いただいた企画案について検討いたしましたが、
弊社では実現が難しいとの結論になりました。

- せっかくのお申し出ではございますが、
今回は辞退させていただくことになりました。

③ 理由も、筋道を立てて、簡潔に知らせる。検討の過程でいろいろな意見が出たとしても、それらは書かない。会社の最終判断としての辞退の理由を明確にしておき、相手にはそれだけを伝える。

④ 最後に、お詫びやていねいなフォローを入れる。

- ご希望にそえず、たいへん申し訳ありません。

- ご期待に応えることができず、誠に申し訳ありません。

- せっかくのお申し越しをお受けできず、
心よりお詫び申し上げます。

お誘いに応じられません

件名：RE:FP交流会のお誘い

□□社
吉田美穂様

△△社の大前です。
FP交流会へのお誘いをいただき、
ありがとうございました。　…①

ぜひとも参加したいところなのですが、
あいにくこの日は先約があり、うかがえません。　…②
残念です。

またの機会にお誘いいただけるとうれしいです。

今後とも、よろしくお願いいたします。

株式会社△△ 〒000-0000　東京都千代田区0-0-0
営業課　大前亮子　romae@sankaku.co.jp
電話00-0000-0000　FAX00-0000-0000

押さえどころ

① まずは、お招きへのお礼を言うこと。

② 行けない理由は必ずしも具体的でなくてよい（P108参照）。

- 出張が入っており、参加することができません。
- 動かせない仕事が入っており、どうしても参加できません。

8章 ［そのまま使える文例編］

ごめんなさい・ありがとうメール

出社が遅れます！（社内）

件名：小林、出社が遅れます

小林です。
携帯でお送りしています。　…①

現在、JR中央線荻窪駅近くです。
さきほど中野駅で人身事故があったということで、
電車が止まっており、出社が遅れそうです。　…②

申し訳ありません。
本日は、午後1時に□□社さんが来社されることに
なっています。
打ち合わせ資料は、出社後、準備できると思います。　…③
よろしくお願いします。

押さえどころ

① 上司あての連絡メール。まず、電話をすべきだが、車中などで電話できない場合は、メールで連絡する。

② 現在の状況を、かいつまんで正確に報告する。

③ その日の自分の予定を知らせる。朝一番の約束など、何か予定があるときは、どう対処するか、何を手伝ってもらいたいか、しっかり伝える（次ページ参照）。

欠勤のフォローをお願いします（社内）

件名：今日の島田の仕事について

佐藤さま
（CC: 広木課長）

島田です。
今日は突然の欠勤となってしまい、
申し訳ありません。

以下の2点、フォローをお願いします。

1. 昨日納品された報告書を、執筆者に送付する作業を
アルバイトの大山さんにやっていただく予定になっています。
申し訳ありませんが、大山さんへの指示をお願いいたします。
執筆者のリストは、課の共有フォルダの中にあります。

2. 明日は企業アンケートの締め切り日ですので、
アンケートについての問い合わせが入るかもしれません。
問い合わせがありましたら、内容を聞いておいていただき、
明日、私からお返事をしたいと思います。

なお、午後2時に□□社を訪問の予定でしたが、このあと、
私から、延期のお願いのお電話をします。

現在、子どもの状態は落ち着き、メール対応は可能です。

ご迷惑をおかけしますが、よろしくお願いいたします。

株式会社△△ 〒000-0000　東京都千代田区0-0-0
営業課　島田尚子　nshimada@sankaku.co.jp
電話00-0000-0000　FAX00-0000-0000

会議にちょっと遅れます（社外）

件名：△△社小林、遅れます

△△社の小林です。
携帯からお送りしています。 …①

たいへん申し訳ないのですが、
地下鉄有楽町線が車両点検で遅れており
会議に15分ほど遅れそうです。

恐縮ですが、
先に始めておいていただければと思います。 …②
ご迷惑をおかけします。
よろしくお願いいたします。

押さえどころ

① 一刻も早く連絡しなくてはならないので、まず電話で連絡すべきだが、車中などで電話できないときはメールでも打っておくとよい。緊急連絡の場合は、あいさつなど不要。

② 多忙な参加者を自分のために待たせるのは申し訳ないので、会議に遅れる人は、待たなくてよい旨を伝えるのが普通。

文例編／ごめんなさい・ありがとうメール-4

お返事遅くなりました

件名：RE: 企画会議の日程調整

□□社
斉藤様

△△社の山田です。
お世話になっております。

メールへのお返事が遅くなってしまい、
たいへん失礼をいたしました。

出張などで出たり入ったりが多く、
とり紛れてしまいました。
申し訳ありません。

日程調整表に記入して添付しました。
ご迷惑をおかけしますが、　…①
どうかよろしくお願いいたします。

添付ファイル：日程調整表.xls

△△株式会社　営業部　山田佐紀子 <syamada@sankaku.co.jp>
〒000-0000　東京都千代田区0-0-0
電話00-0000-0000　FAX00-0000-0000

押さえどころ

① 完全に自分のミスなのでお詫びするしかない。「失礼いたしました」「申し訳ありません」「ご迷惑をおかけしますが」と言葉を重ねて、申し訳なさを最大限に表現している。

さきほどのメール訂正します

件名：【訂正】販売促進会議のお知らせ

各位

△△社の大山です。
たびたび申し訳ありません。　…①

さきほどのお知らせにまちがいがありましたので、
訂正いたします。

>皆様に日程調整をいただき、
>3月6日（水）に販売促進会議を
>開催することが決定しました。　…②
3月6日は、水曜日ではなく、木曜日でした。
改めて、正しい内容でご案内します。

【正】販売促進会議のお知らせ　…③
■日時　3月6日（木）　午後2時～午後3時30分
■場所　弊社　第3会議室
■議題　各社からのご報告
　　　　意見交換

なにとぞよろしくお願いいたします。

△△株式会社　営業本部　大山太郎 <toyama@sankaku.co.jp>
〒000-0000　東京都千代田区0-0-0
電話00-0000-0000　FAX00-0000-0000

押さえどころ

① メールを重ねて出すのは迷惑なので、ここでお詫びを入れる。

② まちがった箇所をわかりやすく示すために、自分のメールから引用をするのもよい方法。わかりにくい場合は、正誤を対照させてもよい。

［正誤を対照させる書き方］

【正】会場：東西大学　3号館　201教室

【誤】会場：東西大学　4号館　201教室

［正誤で示せないまちがいのとき］

- あて名のお名前の敬称が抜けておりました。
  大変失礼をいたしました。

- お名前の漢字をまちがえておりました。
  たいへん申し訳ありませんでした。

- さきほどは、書きかけのメールを誤って送信してしまいました。
  削除願います。
  お手数をおかけし、申し訳ありません。

③ このような案内の場合、受け取った人が前のメールと合わせて見なくてもいいように、訂正箇所だけを知らせるのではなく、必要な情報の全体を改めて示すのが親切。

ミスを指摘されたら

件名：RE: 出典が抜けていました

□□社
松田郁夫様

△△社の石川です。　…①

> 貴社の発表資料に、当社の調査データが引用されて
> いましたが、出典が落ちているようでした。

たいへん申し訳ありません。
入稿時には出典を入れておりましたが、
校正段階で落ちてしまったようです。
私の不注意でした。　…②

増刷分については、出典を入れるように
手配いたしました。

このような見落としをしてしまいましたこと、
本当に申し訳なく、お詫び申し上げます。

今後は、このようなミスのないように
十分に注意いたします。　…③

近々、お目にかかることがあるかと思いますが、
取り急ぎ、メールにてお詫び申し上げます。　…④

石川行雄　ishikawa@sankaku.co.jp
株式会社△△ 〒000-0000　東京都千代田区0-0-0
電話00-0000-0000　FAX00-0000-0000

押さえどころ

1. 緊急事態に直面したメールや文書には、あいさつを入れず、すぐに本題に入る。

2. 仮に、作業したのが他の社員でも、言い訳をしてはいけない。外部に対しては、組織の一員としての責任は同じ。

3. お詫びの文面には、今後に向けての反省、修正、対策などを記す。

4. 事の重さによっては、メールですませてはいけない。相手が明らかに怒っている場合は、まず電話でお詫びしなくてはならない。対応に判断がつかないときは、上司に相談すること。左のようなメールは、相手から注意を受けたがそんなに深刻な反応ではない場合にのみ、可。

締切に間に合いません

件名：調査分析のまとめが遅れています

□□社
柴田様

お世話になっております。
△△社の川島です。

今週末が締切となっている調査分析のまとめですが、
集計作業が遅れております。

現在、作業者を増員して全力で進めておりますが、
期日までにすべてを完成させるのは、難しい見通しです。 …①

たいへん申し訳ありません。

来週10日には完了できる見通しですが、
お待ちいただけますでしょうか。

なにとぞよろしくお願いいたします。

川島聖子　kawashima@sankaku.co.jp
株式会社△△ 〒000-0000　東京都千代田区0-0-0
電話00-0000-0000　FAX00-0000-0000

押さえどころ

① 現状を伝え、相手の理解を求める。言い訳よりも、少しでも早く進めるよう努力していることを伝えることが重要。

参加できなくなりました

件名：4/18懇親会欠席いたします

□□社
小田様

△△社の佐藤です。
お世話になっております。

4月18日の懇親会ですが、
急な出張が入ってしまい、
参加できなくなってしまいました。 …①

たいへん申し訳ありません。

楽しみにしておりましたのに、
とても残念です。
みなさまによろしくお伝えください。

佐藤孝夫　tsatou@sankaku.co.jp
株式会社△△ 〒000-0000　東京都千代田区0-0-0
電話00-0000-0000　FAX00-0000-0000

押さえどころ

① 欠席の場合、理由は具体的に書かないほうがよいこともあるが、この場合、「急な出張」は「懇親会」よりも優先順位が高いと考えられているので、欠席の理由として書いてもよい（P108参照）。次は、理由を具体的にしないときの書き方。

- どうしても都合がつかなくなり、参加できなくなってしまいました。

お仕事をいただき感謝です

件名：企画採用ありがとうございます（△△社）

□□社
大島様

お世話になっております。
△△社の井上です。

このたびは、私どものサイトリニューアル案を
ご採用いただけるとのこと、
たいへんうれしく拝見いたしました。
心より感謝申し上げます。　…①

> デザイン性の高さが魅力でした。

ありがとうございます。　…②

貴社の顧客第一のマインドを体現したインターフェースと
質の高いデザイン性の両立をめざしたいと考えております。

これから全力を傾注してまいりますので、
ご指導ご鞭撻のほど、よろしくお願いいたします。　…③

株式会社△△　企画制作部　井上広孝 inoue@sankaku.co.jp
〒000-0000　東京都千代田区0-0-0
電話00-0000-0000　FAX00-0000-0000

押さえどころ

1. 喜びや感謝の言葉を重ねることで、率直な気持ちが表現できる。

2. 相手がポジティブな言葉をかけてきたときは、それに反応することで、互いの信頼が高まる。たとえば、こんな言葉で…。

- 光栄です。
- 光栄でございます。
- 必ずご期待にかなうものを完成させたいと思います。
- 弊社の強みと自負してまいりましたが、
ご評価をいただき、たいへんうれしく存じます。

3. 「ご指導ご鞭撻」は、相手に敬意を払いつつ今後の関係の継続をお願いする場合の常套句。「鞭撻」とは、ムチ打つ意味もあるが、この常套句では「励ます」という意味で用いられている。今後の決意を表す表現としては、こんな書き方も…。

- ご満足いただけるよう努力してまいりますので、
どうかよろしくお願いいたします。
- 社員一丸となって頑張ってまいりますので、
なにとぞよろしくお願い申し上げます。
- プロジェクトの成功をめざし頑張ってまいりますので、
ご支援のほど、よろしくお願いいたします。

いい仕事をありがとうございます

件名：RE:FAQページ仮アップ

□□社
橋本様

△△社の小沢です。

> 予定どおり、FAQページの全体が出来上がり、
> 仮アップしておりますので、ご確認ください。
ありがとうございます。
すっきり見やすいデザインでつくっていただき、
また、こちらの細かい要望にていねいにご対応くださり、
たいへん感謝しております。 …①

細かい点について、これから社内で確認しますので、
1週間程度お時間をください。

いよいよ完成が見えてきました。
このあとも、よろしくお願いいたします。

株式会社△△　営業部　小沢里香 rozawa @sankaku.co.jp
〒000-0000　東京都千代田区0-0-0
電話00-0000-0000　FAX00-0000-0000

押さえどころ

① 途中経過の報告であっても、ポジティブな感想は積極的に伝えたほうが、相手のモチベーションを上げることができる。

文例編／ごめんなさい・ありがとうメール-11

ご来訪ありがとうございます

件名：△△社です。ご来社ありがとうございました

□□社
大川孝敏様

△△社の小沢です。

昨日は、ご来社いただき、
ありがとうございました。

貴社のお取り組みをお聞きし、
たいへん勉強になりました。　…①

ご提案について、弊社として検討することになりました。
来月中旬には、会議がございますので、
またご連絡させていただきます。

今後ともよろしくお願いいたします。

株式会社△△　営業部　小沢里香 rozawa@sankaku.co.jp
〒000-0000　東京都千代田区0-0-0
電話00-0000-0000　FAX00-0000-0000

押さえどころ

① まだ取引が始まっていない相手であっても、敬意を払い、ポジティブな言葉で反応することによって、よい関係を保つ。

ご助言に感謝です

件名：RE:○○企画提案書について

□□社
白井絵美様

△△社の新井です。
メールありがとうございました。

>貴社の実績について、福祉部門の事業についても
>加筆していただけるとなおよいかと思いました。
さっそく補足してみましたが、いかがでしょうか。

ご助言、たいへん助かります。　…①
ほかにも修正すべき点ありましたら、ご教示ください。

今後ともよろしくお願いいたします。
(添付ファイル：○○企画提案書.doc)

株式会社△△　システム開発部営業課
新井美樹　marai@sankaku.co.jp
〒000-0000　東京都千代田区0-0-0
電話00-0000-0000　FAX00-0000-0000

押さえどころ

① 具体的に書くなら…

- 重要な社会貢献事業を見落としておりました。
ご教示ありがとうございます。

お土産ありがとうございました

件名：お土産が届きました

下田博也様

△△社営業課の枝野です。

本日、高知から美味しいフルーツゼリーが届きました。
さっそく冷蔵庫で冷やし、
お茶の時間にいただくのを楽しみにしております。

ご出張先からのお心づかいに、
課員一同、心より感謝しております。
ありがとうございました。 …①

お忙しいこととは存じますが、
暑い日が続きますので、
お体には十分にお気をつけください。 …②

取り急ぎ、御礼まで申し上げます。

株式会社△△　営業課　枝野裕子 yedano@sansaku.co.jp
〒000-0000　東京都千代田区0-0-0
電話00-0000-0000　FAX00-0000-0000

押さえどころ

① お礼の言葉を重ねることで感謝の気持ちを強調する。

② 社交的なメールの場合、このような安否を気づかう締めのあいさつを書くと、心のこもった印象になる。

長い間お世話になりました

件名：RE: 異動のお知らせ（沢田順子）

沢田順子様

△△社の枝野です。

お知らせありがとうございました。
名古屋営業所にご栄転とのこと、おめでとうございます。　…①

長い間、たいへんお世話になりました。
私が行き届かず、いろいろとご迷惑をおかけしてきましたが、
ていねいにご指導をいただきましたこと、
心より感謝いたしております。

これからますますのご活躍をお祈りしております。

株式会社△△　営業部　枝野裕子 yedano@sankaku.co.jp
〒000-0000　東京都千代田区0-0-0
電話00-0000-0000　FAX00-0000-0000

押さえどころ

① こんなケースも…。

［退職］

□□社をご退職されたとのこと、驚きました。
お疲れさまでした。

［異動］

開発課でも、本領を発揮されることと思います。

9章 [そのまま使える文例編]

複数の相手へのお知らせのメール

顧客へのお詫び連絡

件名：麦みそが品切れ、予約受付になりました

麦みそをご注文いただきましたお客様へ

□□□社から、お詫びとお知らせのご連絡です。　…①

9月16日○○テレビ「美味しい農業」で、　…②
当社の「麦みそ」を紹介していただいたところ、
ご注文が殺到し、現在、品切れになっております。

ご注文いただいた皆様には、たいへん申し訳なく、
心よりお詫び申し上げます。

なお、下記のホームページでは、
11月中旬以降の出荷分のご予約を承っておりますので、
ご利用いただければ幸いです。
http://shikakumiso.com/mugimiso/yoyaku/

厳選した有機材料から手作りするため、
出荷量に限界がございますが、
できる限り皆様のご要望にお応えしてまいりたいと
考えておりますので、
今後ともお引き立てのほど、よろしくお願いいたします。

□□□　info@shikaku.co.jp
〒000-0000　栃木県○○○○0-0-0
電話0000-00-0000　FAX0000-00-0000

押さえどころ

① 複数に向けた連絡であることを明らかにした書き方。

② 顧客に迷惑になっている事柄についての連絡は、

経緯 → 現状 → お詫び → 今後の対策・お願いなど

という流れになる。たとえば、

- 本日午前５時～午後５時の間、
○○サービスのホームページに
アクセスできなくなりました。
原因はサーバのトラブルによるもので、
現在は復旧しております。

利用者のみなさまに、たいへんご迷惑をおかけしましたことを、
深くお詫び申し上げます。

今後はこのようなことのないよう、
バックアップ体制を強固にしてまいりますので、
引き続き○○サービスをご利用いただきますよう、
お願い申し上げます。

講演会のお知らせ

件名：先端エコ事業講演会のお知らせ

会員各位

□□□から会員のみなさまに、次回講演会のお知らせです。
次回は、経済評論家の栗沢和男氏をお招きして、
「先端エコ事業の可能性」についてお話しいただきます。

貴重な機会ですので、ぜひともご参加ください。

<<<<□□□ 秋の講演会>>>>

「先端エコ事業の可能性」
　講師　栗沢和男氏（経済評論家）

■日時　10月7日（金）午後6時～8時
■会場　東池袋会館　豊島区東池袋0-0-0
　地下鉄有楽町線　東池袋駅　出口6から徒歩5分
　TEL 00-0000-0000
　URL http://www.higashi_ikebukurohall/map/
■参加費　1500円（会員1000円）
■参加お申込み
　お名前、ご連絡先、会員登録の有無、ご参加の人数を
　□□□・加藤まで　お知らせください。
　（本メールにご返信ください）
\---------
□□□　加藤麻美 <asamikato@shikaku.or.jp>
〒000-0000　東京都千代田区0-0-0
電話00-0000-0000　FAX00-0000-0000

文例編／複数の相手へのお知らせメール-3

社内へのお知らせメール

件名：新○○制度検討会中間まとめ（情報提供）

社員各位

営業課からの情報提供です。　…①

当社の事業環境を大きく左右する新○○制度について、
本日、政府の検討会から中間まとめが発表されましたので、
配信します。　…②

添付ファイル：新○○制度検討会中間まとめ.doc

△△株式会社　営業課　阪本裕一<sakamoto@sankaku.co.jp>
〒000-0000　東京都千代田区0-0-0
電話00-0000-0000　FAX00-0000-0000

押さえどころ

① 件名や冒頭で、「情報提供」と明示すれば、時間のない人はあとで読むことができる。

② 必要な情報を社内に積極的に発信することで、問題意識を共有し、組織力を高めることができる。しかし、手当たり次第に発信するのではなく、提供する情報は精選することが必要。また、全社、部、課など、情報を流す範囲についても、配慮する必要がある。

異動のごあいさつ

件名：異動のごあいさつ（△△社・木村）

△△社の木村です。

お世話になっているみなさまにBCCでお送りしております。

私は、この4月1日付で、本社第一事業部開発課から
名古屋支社営業課に異動いたしました。

第一事業部では、たいへんお世話になり、
本当にありがとうございました。

名古屋支社では、第一事業部での経験を活かしつつ、
新たな気持ちで学び、成長していきたいと考えております。　…①
今後とも、ご指導ご鞭撻くださいますよう、
よろしくお願い申し上げます。

取り急ぎ、メールにてご挨拶申し上げます。

△△株式会社名古屋支社　営業課　木村亮子
〒000-0000　名古屋市中区0-0-0
電話000-000-0000　FAX000-000-0000
Mail:rkimura@sankaku.co.jp ＊メールアドレスは変わりません＊

押さえどころ

① こんな書き方も…。

- 名古屋支社では、みなさまに学ばせていただいたことを力に、新しい仕事にチャレンジしていきたいと思っております。

担当者変更のお知らせ

件名：△△社清水の後任となりました（今井）

いつもお世話になっております。

この4月1日、清水の後任として営業部営業課に
着任いたしました△△社の今井平太と申します。
たいへん失礼ながら、BCCメールにて、
担当者変更のご連絡を申し上げます。 …①

みなさまにご迷惑をおかけすることのないよう、
引き継ぎには万全を期しておりますが、
至らない点がありましたら、何なりとご指摘ください。

近々ごあいさつにうかがいたいと思っております。
清水同様、お引き立てくださいますよう、 …②
どうかよろしくお願い申し上げます。

△△株式会社　営業部　今井平太 <himai@sankaku.co.jp>
〒000-0000　東京都千代田区0-0-0
電話00-0000-0000　FAX00-0000-0000

押さえどころ

① 担当者変更のあいさつの方法は、職種や業界の習慣によっても異なるが、とりあえずメールで知らせなくてはならない場合は、このように書く。

② 「引き立て」とは、励ますこと、ひいきにすること、愛顧。

メールアドレス変更のお知らせ

件名：メールアドレス変わりました（△△社　小島）

△△社の小島です。

お世話になっております。
このたび、私のメールアドレスが変更になりましたので、
お知らせいたします。

【旧アドレス】011233@sankaku.co.jp
【新アドレス】akojima@sankaku.co.jp　…①

お手数ですが、アドレス登録をご変更くださいますよう、
お願いいたします。

なお、旧アドレスは7月30日まで受信可能ですが、
その後は、受信することができなくなります。
どうかよろしくお願いいたします。

△△株式会社　総務部経理課　小島綾子
〒000-0000　東京都千代田区0-0-0
電話000-000-0000　FAX000-000-0000
Mail: akojima@sankaku.co.jp
＊7月1日からメールアドレスが変更になりました。

押さえどころ

① 無効になる旧アドレスも、必ず書き添える。複数のアドレスが登録されている場合など、正しく差し替えるために必要。

休業のお知らせ（社外）

件名：8月13日〜15日休業いたします

お世話になっております。△△社の山田です。

たいへん勝手ながら、
弊社事業部は、下記の期間、夏期休業となります。 …①

■8月13日（水）〜8月15日（金）
＊8月16日（土）・17日（日）は弊社の
休日となっております。

ご迷惑をおかけしますが、
なにとぞよろしくお願いいたします。

△△株式会社　第1事業部営業課　山田克也
〒000-0000　東京都千代田区0-0-0
電話000-000-0000　FAX000-000-0000
Mail: kyamada@sankaku.co.jp

押さえどころ

① 夏期休業については、総務部などが取引先に一括して知らせる場合もあるが、上は担当者から知らせる文面。個人の休暇予定を知らせておきたい場合は、連絡のついでに、次のように書き添える。

- たいへん勝手ながら、私は8月20日（月）・21日（火）に休暇をとらせていただきます。
申し訳ありませんが、よろしくお願いいたします。

休暇のお知らせ（社内）

件名：本多7月20日～23日お休みいただきます

開発課のみなさま

本多です。
たいへん勝手ながら、

7月20日（月）～23日（木）

の間、早めの夏休みをとらせていただきます。

念のため、進行中のプロジェクトの書類を
課の共有フォルダに入れておきます。

また、動きがありそうな案件については、
新藤さんにフォローをお願いしました。

なお、私の携帯電話は。
000-0000-0000　です。

ご迷惑をおかけしますが、よろしくお願いします。

△△株式会社　第1事業部開発課　本多克典
〒000-0000　東京都千代田区0-0-0
電話000-000-0000　FAX000-000-0000
Mail: khonda@sankaku.co.jp

差出人(FROM)：△△株式会社　堀内宏樹

あて先(TO)：□□社　企画部　斎藤祐也様

件名：調査部データお送りします

□□社企画部
斉藤祐也様

△△の堀内です。
お世話になっております。

先日の打ち合わせで話題になっておりました。
弊社調査部の調査が見つかりましたので、
添付ファイルにてお送りいたします。

お求めのデータと異なっていた場合には、
お知らせください。

よろしくお願いいたします。

(添付ファイル　PDF 340KB)

堀内　宏樹　hhoriuchi@sankaku.co.jp
△△株式会社　営業a1課
〒000-0000　東京都千代田区0-0-0
電話00-0000-0000　FAX00-0000-0000

言い回し＆文例 総合索引

お悩み別索引

[著者]

中川路亜紀（なかかわじ・あき）

1956年神戸市生まれ。早稲田大学第一文学部卒業。出版社勤務を経て、1998年、コミュニケーション・ファクトリーを設立。ビジネスコミュニケーション関連の著述・講演活動を行っている。著書は『気のきいた手紙が書ける本』『ビジネス文書の書き方』『[新版]これでカンペキ！　誰でも書けるビジネス文書』『そのまま使える！　ビジネスマナー・文書』など。

ビジネスメール文章術

——知らないと恥をかくルールから、そのまま使える文例まで

2013年２月15日　第１刷発行
2022年８月26日　第７刷発行

著　者——中川路亜紀
発行所——ダイヤモンド社
〒150-8409　東京都渋谷区神宮前6-12-17
https://www.diamond.co.jp/
電話／03･5778･7233（編集）03･5778･7240（販売）

ブックデザイン—小口翔平＋西垂水敦（tobufune）
イラスト——須山奈津希
製作進行——ダイヤモンド・グラフィック社
印刷————勇進印刷（本文）・加藤文明社（カバー）
製本————川島製本所
編集担当——田中裕子

ISBN 978-4-478-02366-2